A CULTURA NO MUNDO LÍQUIDO MODERNO

Obras de Zygmunt Bauman:

- 44 cartas do mundo líquido moderno
- Amor líquido
- Aprendendo a pensar com a sociologia
- A arte da vida
- Babel
- Bauman sobre Bauman
- Capitalismo parasitário
- Cegueira moral
- Comunidade
- Confiança e medo na cidade
- A cultura no mundo líquido moderno
- Danos colaterais
- O elogio da literatura
- Em busca da política
- Ensaios sobre o conceito de cultura
- Esboços de uma teoria da cultura
- Estado de crise
- Estranho familiar
- Estranhos à nossa porta
- A ética é possível num mundo de consumidores?
- Europa
- Globalização: as consequências humanas

- Identidade
- A individualidade numa época de incertezas
- Isto não é um diário
- Legisladores e intérpretes
- Mal líquido
- O mal-estar da pós-modernidade
- Medo líquido
- Modernidade e ambivalência
- Modernidade e Holocausto
- Modernidade líquida
- Nascidos em tempos líquidos
- Para que serve a sociologia?
- O retorno do pêndulo
- Retrotopia
- A riqueza de poucos beneficia todos nós?
- Sobre educação e juventude
- A sociedade individualizada
- Tempos líquidos
- Vida a crédito
- Vida em fragmentos
- Vida líquida
- Vida para consumo
- Vidas desperdiçadas
- Vigilância líquida

Zygmunt Bauman

A CULTURA NO MUNDO LÍQUIDO MODERNO

Tradução:
Carlos Alberto Medeiros

em associação com o National Audiovisual Institute,
NInA, Polônia

Copyright © 2011 by Zygmunt Bauman

Tradução autorizada da primeira edição inglesa, publicada em 2011 por Polity Press, de Cambridge, Inglaterra

Esta edição foi comissionada pelo National Audiovisual Institute para o European Culture Congress, de 08 a 11 de setembro de 2011, em Wroclaw, Polônia
www.nina.gov.pl | www.culturecongress.eu

Grafia atualizada segundo o Acordo Ortográfico da Língua Portuguesa de 1990, que entrou em vigor no Brasil em 2009.

Título original
Culture in a Liquid Modern World

Capa e imagem
Bruno Oliveira

Preparação
Angela Ramalho Vianna

Revisão
Eduardo Farias
Mariana Oliveira

Dados Internacionais de Catalogação na Publicação (CIP)
(Câmara Brasileira do Livro, SP, Brasil)

Bauman, Zygmunt, 1925-2017
 A cultura no mundo líquido moderno / Zygmunt Bauman ; tradução Carlos Alberto Medeiros. – 1ª ed. – Rio de Janeiro: Zahar, 2022.

 Título original: Culture in a Liquid Modern World.
 Bibliografia.
 ISBN 978-65-5979-071-5

 1. Cultura – Filosofia 2. Mudança social I. Título.

22-109426 CDD:306.01

Índice para catálogo sistemático:
1. Cultura : Filosofia : Sociologia   306.01

Cibele Maria Dias – Bibliotecária – CRB-8/9427

[2022]
Todos os direitos desta edição reservados à
EDITORA SCHWARCZ S.A.
Praça Floriano, 19, sala 3001 – Cinelândia
20031-050 – Rio de Janeiro – RJ
Telefone: (21) 3993-7510
www.companhiadasletras.com.br
www.blogdacompanhia.com.br
facebook.com/editorazahar
instagram.com/editorazahar
twitter.com/editorazahar

· Sumário ·

1. Apontamentos sobre as peregrinações
históricas do conceito de "cultura" · 7

2. Sobre moda, identidade líquida e utopia nos dias
atuais: algumas tendências culturais do século XXI · 22

3. Cultura: da construção da nação ao mundo globalizado · 34

4. A cultura num mundo de diásporas · 51

5. A cultura numa Europa em processo de unificação · 68

6. A cultura entre o Estado e o mercado · 90

Notas · 109

· 1 ·

Apontamentos sobre as peregrinações históricas do conceito de "cultura"

Com base em descobertas feitas na Grã-Bretanha, no Chile, Hungria, Israel e Holanda, uma equipe de treze pessoas liderada por John Goldthorpe, sociólogo de Oxford altamente respeitado, concluiu que, na hierarquia da cultura, não se pode mais estabelecer prontamente a distinção entre a elite cultural e aqueles que estão abaixo dela a partir dos antigos signos: frequência regular a óperas e concertos; entusiasmo, em qualquer momento dado, por aquilo que é visto como "grande arte"; hábito de torcer o nariz para "tudo que é comum, como uma canção popular ou um programa de TV voltado para o grande público". Isso não significa que não se possam encontrar pessoas consideradas (até por elas mesmas) integrantes da elite cultural, amantes da verdadeira arte, mais informadas que seus pares nem tão cultos assim quanto ao significado de cultura, quanto àquilo em que ela consiste, ao que é tido *comme il faut* ou *comme il ne faut pas** – o que é desejável ou indesejável – para um homem ou mulher de cultura. Exceto que, ao contrário das elites culturais

---

* *Comme il faut, Comme il ne faut pas*: expressões francesas que poderiam ser traduzidas como "o que pega bem", "o que pega mal", "o que convém", "o que não convém". Todas as palavras citadas em língua estrangeira assim figuram no original. (N.T.)

de outrora, eles não são *connoisseurs* no estrito senso da palavra, pessoas que encaram com desprezo as preferências do homem comum ou a falta de gosto dos filisteus. Em vez disso, seria mais adequado descrevê-los – usando o termo cunhado por Richard A. Peterson, da Universidade Vanderbilt – como "onívoros": em seu repertório de consumo cultural, há lugar tanto para a ópera quanto para o heavy metal ou o punk, para a "grande arte" e para os programas populares de televisão, para Samuel Beckett e Terry Pratchett. Um pedaço disto, um bocado daquilo, hoje isto, amanhã algo mais. Uma mistura, segundo Stephen Fry – autoridade em tendências da moda e luz que ilumina a mais exclusiva sociedade londrina (assim como astro de alguns dos mais populares programas de TV*). Admite ele publicamente:

> Bem, as pessoas podem ser loucas por tudo que é digital e ainda assim ler livros, podem frequentar a ópera, assistir a uma partida de críquete e reservar bilhetes para o Led Zeppelin sem por isso se segmentarem. ... Gosta de comida tailandesa? Mas o que há de errado com a italiana? Espere aí, ... calma. Gosto das duas. Sim. Isso é possível. Posso gostar de rúgbi e dos musicais de Stephen Sondheim. Do gótico vitoriano e das instalações de Damien Hirst. De Herb Alpert com sua Tijuana Brass e das peças para piano de Hindemith. Dos hinos ingleses e de Richard Dawkins. Das primeiras edições de Norman Douglas e de iPods, sinuca, dardos e balé...

Ou, como disse Peterson em 2005, resumindo vinte anos de pesquisa: "Estamos passando por uma mudança na política de status dos grupos de elite, dos intelectuais que detestam com esnobismo toda a cultura popular, vulgar ou de massa, ... para aqueles que consomem de maneira onívora um amplo espectro de formas de arte, tanto populares quanto intelectualizadas."[1] Em outras palavras, nenhum produto da cultura me é estranho;

---

* Stephen Fry, ator, cineasta e apresentador de TV britânico, atualmente no comando do programa *QI*, na BBC. (N.T.)

com nenhum deles me identifico cem por cento, totalmente, e decerto não em troca de me negar outros prazeres. Sinto-me em casa em qualquer lugar, embora não haja um lugar que eu possa chamar de lar (talvez exatamente por isso). Não é tanto o confronto de um gosto (refinado) contra outro (vulgar), mas do onívoro contra o *unívoro*, da disposição para consumir tudo contra a seletividade excessiva. A elite cultural está viva e alerta; é mais ativa e ávida hoje do que jamais foi. Porém, está preocupada demais em seguir os sucessos e outros eventos festejados que se relacionam à cultura para ter tempo de formular cânones de fé ou a eles converter outras pessoas.

Além do princípio de "Não seja enjoado, não seja exigente" e "Consuma mais", essa ideologia nada tem a dizer à multidão unívora situada na base da hierarquia cultural.

E, no entanto, como Pierre Bourdieu afirmou algumas décadas atrás, toda contribuição artística costumava ser endereçada a uma classe social específica, e somente a ela – e era aceita apenas ou basicamente por essa classe. O triplo efeito dessas contribuições artísticas – definição de classe, segregação de classe e manifestação do pertencimento a uma classe – era, segundo Bourdieu, sua razão de ser, a mais importante de suas funções sociais, talvez seu objetivo oculto, quando não declarado.

Segundo Bourdieu, as obras de arte destinadas ao consumo estético apontavam, assinalavam e protegiam as divisões entre as classes, marcando e fortalecendo legivelmente as fronteiras que as separavam. Para traçar fronteiras de maneira inequívoca e protegê-las com eficiência, todos os objetos de arte, ou pelo menos uma maioria relevante deles, precisavam ser alocados em ambientes mutuamente exclusivos; ambientes cujos conteúdos não fossem misturados nem aprovados ou possuídos simultaneamente. O importante não eram tanto seus conteúdos ou suas qualidades inatas, mas suas diferenças, sua intolerância mútua e o veto à sua conciliação, erradamente apresentada como manifestação de sua resistência inata, imanente, a relações entre superiores e subordinados.

Havia o gosto das elites, naturalmente relacionado à "alta cultura", o gosto médio ou "filisteu", típico da classe média, e o gosto "vulgar", venerado pela classe baixa. Misturá-los era tão difícil quanto juntar fogo e água. Talvez a natureza odeie o vácuo, mas a cultura, definitivamente, não tolera a *mélange*. Em *La distinction*, de Bourdieu, a cultura manifestava-se acima de tudo como um dispositivo útil, conscientemente destinado a assinalar diferenças de classe e salvaguardá-las: como uma tecnologia inventada para a criação e proteção das divisões de classe e das hierarquias sociais.[2]

Em suma, a cultura manifestava-se de forma similar àquela descrita um século antes por Oscar Wilde: "Os que encontram belos significados nas coisas belas são os cultos. ... Eles são os eleitos para os quais as coisas belas só significam a Beleza."[3] "Os eleitos", os escolhidos, ou seja, os que cantam a glória dos valores que eles mesmos apoiam, garantindo simultaneamente sua própria vitória nos concursos de música. Inevitavelmente, irão encontrar belos significados na beleza, já que são eles que decidem o que ela significa; antes mesmo de começar a busca da beleza, quem decidiu, senão os escolhidos, onde procurar essa beleza (na ópera, não no *music hall* nem na barraca de mercado; nas galerias, não nos muros da cidade nem nas reproduções inferiores que ornamentavam as residências dos trabalhadores ou camponeses; nos volumes encadernados em couro, não na notícia impressa nem nas publicações baratas). Os escolhidos não são eleitos em virtude de sua compreensão do que é belo, mas porque a declaração "Isso é belo" é impositiva porque foi proferida por eles e confirmada por suas ações.

Sigmund Freud acreditava que o conhecimento estético em vão busca a essência, a natureza e as fontes da beleza – por assim dizer, suas qualidades imanentes –, e tende a ocultar sua ignorância com uma série de pronunciamentos solenes, presunçosos e, em última instância, vazios. "A beleza não tem uma utilidade óbvia", decretou Freud, "nem existe para ela uma necessidade cultural. Contudo, sem ela, a civilização não poderia existir."[4]

Por outro lado, como sugere Bourdieu, há os benefícios da beleza e a necessidade dela. Embora os benefícios não sejam "desinteressados", como afirmou Kant, não obstante são benefícios, e embora a necessidade não seja obrigatoriamente cultural, ela é social; e é bem provável que tanto os benefícios quanto a necessidade de distinguir a beleza da feiura, ou a sutileza da vulgaridade, permaneçam enquanto houver a necessidade e o desejo de distinguir a alta sociedade da baixa sociedade, o *connoisseur* de gosto requintado das massas vulgares e sem gosto, da plebe, do zé-ninguém.

Depois de considerarmos com cuidado essas descrições e interpretações, torna-se claro que a "cultura" (um conjunto de preferências sugerido, recomendado e imposto em função de sua correção, excelência ou beleza) era vista por seus elaboradores, sobretudo e em última instância, como uma força "socialmente conservadora". Para se mostrar apta para essa função, a cultura teve de realizar, com igual comprometimento, dois atos de subterfúgio em aparência contraditórios. Ela é enfática, severa e inflexível tanto no endosso quanto na desaprovação, tanto na oferta de bilhetes de ingresso quanto em sua sonegação, tanto em emitir documentos de identidade quanto em negar os direitos dos cidadãos.

Além de identificar o que era desejável e recomendável em virtude de ser "como convém" – familiar e confortável –, a cultura precisava de significantes para o que seria suspeito e deveria ser evitado em função de sua ameaça oculta e vil; de sinais como os desenhos às margens dos antigos mapas, de que *hic sunt leones*, "aqui há leões". A cultura deveria comportar-se tal como o náufrago da parábola inglesa, aparentemente irônica, mas de intenções moralizantes, obrigado a construir três moradias na ilha deserta em que havia naufragado para se sentir em casa, ou seja, para adquirir uma identidade e defendê-la com eficácia. A primeira residência era seu refúgio privado; a segunda, o clube que frequentava todo domingo; a terceira tinha a função exclusiva de ser o lugar cujo portão ele evitaria cruzar em todos os longos anos que deveria passar na ilha.

Quando foi publicada trinta anos atrás, *La distinction*, de Pierre Bourdieu, virou de cabeça para baixo o conceito original de "cultura" nascido no Iluminismo e desde então transmitido de geração em geração. O significado de cultura, tal como descoberto, definido e documentado por Bourdieu, estava distante do conceito de "cultura" elaborado e introduzido na linguagem comum no terceiro quartel do século XVIII, quase ao mesmo tempo que o conceito inglês de *refinement* e o germânico de *Bildung*.*

Segundo o conceito original, a "cultura" seria um agente da mudança do status quo, e não de sua preservação; ou, mais precisamente, um instrumento de navegação para orientar a evolução social rumo a uma condição humana universal. O propósito inicial do conceito de "cultura" não era servir como registro de descrições, inventários e codificações da situação corrente, mas apontar um objetivo e uma direção para futuros esforços. O nome "cultura" foi atribuído a uma missão proselitista, planejada e empreendida sob a forma de tentativas de educar as massas e refinar seus costumes, e assim melhorar a sociedade e aproximar "o povo", ou seja, os que estão na "base da sociedade", daqueles que estão no topo. A "cultura" era associada a um "feixe de luz" capaz de "ultrapassar os telhados" das residências rurais e urbanas para atingir os recessos sombrios do preconceito e da superstição que, como tantos vampiros (acreditava-se), não sobreviveriam quando expostos à luz do dia.

Segundo o apaixonado pronunciamento de Matthew Arnold em seu famoso livro, sugestivamente intitulado *Culture or Anarchy*, de 1869, "a cultura busca eliminar as classes, generalizar por toda parte o melhor que se pensa e se sabe, fazer com que todos os homens vivam numa atmosfera de luz e doçura". E uma vez mais, de acordo com uma opinião expressa por Arnold na introdução a *Literature and Dogma*, de 1873, a cultura é a fusão dos sonhos e desejos humanos com a labuta daqueles dotados de disposição e capacidade de satisfazê-los: "A cultura é a paixão

---

* *Bildung*: "formação cultural"; corresponde à paideia grega. (N.T.)

pela doçura e pela luz, e (o que é mais importante) a paixão por fazê-los prevalecer."

O termo "cultura" entrou no vocabulário moderno como uma declaração de intenções, o nome de uma missão a ser empreendida. O conceito de cultura era em si um lema e um apelo à ação. Tal como o conceito que forneceu a metáfora para descrever sua intenção (a noção de "agricultura", associando os lavradores aos campos por eles cultivados), era um apelo ao camponês e ao semeador para que arassem e semeassem a terra infértil e enriquecessem a colheita pelo cultivo (Cícero até usou a metáfora ao descrever a educação dos jovens usando a expressão *cultura animi*). O conceito presumia a existência de uma divisão entre os educadores, relativamente poucos, chamados a cultivar as almas, e os muitos que deveriam ser objeto de cultivo; protetores e protegidos, supervisores e supervisionados, educadores e educados, produtores e seus produtos, sujeitos e objetos – e do encontro que deveria ocorrer entre eles.

A "cultura" compreendia um acordo planejado e esperado entre os detentores do conhecimento (ou pelo menos acreditavam nisso) e os ignorantes (ou aqueles assim descritos pelos audaciosos aspirantes ao papel de educador); um acordo apresentado, por incidente, com uma única assinatura, unilateralmente endossado e efetivado sob a direção exclusiva recém-formada da "classe instruída", que buscava o direito de moldar uma "nova e aperfeiçoada" ordem a partir das cinzas do *ancien régime*. A intenção declarada dessa classe era a educação, o esclarecimento, a elevação e o enobrecimento de *le peuple* recém-entronizado no papel de *citoyen* do recém-criado *État-nation*, aquela junção de nação recém-formada que se alçava à condição de Estado soberano com o novo Estado que aspirava ao papel de curador, defensor e guardião da nação.

O "projeto iluminista" conferiu à cultura (compreendida como atividade semelhante ao cultivo da terra) o status de ferramenta básica para a construção de uma nação, de um Estado e de um Estado-nação – ao mesmo tempo confiando essa ferramenta às mãos da classe instruída. Em suas perambulações por ambições políticas e deliberações filosóficas, objetivo semelhante ao do empreendimento iluminista logo havia se cristalizado (fosse abertamente anunciado ou tacitamente presumido) no duplo postulado da obediência dos súditos e da solidariedade entre os compatriotas.

O crescimento do "populacho" acrescentou confiança ao nascente Estado-nação, pois acreditava-se que o incremento do número de potenciais trabalhadores-soldados iria aumentar seu poder e garantir sua segurança. Entretanto, como o esforço conjunto de construção da nação e de crescimento econômico também resultava num crescente excedente de indivíduos (em essência, categorias inteiras da população deviam ser confinadas no depósito de lixo para que a ordem almejada pudesse nascer e se fortalecer, e para que se acelerasse a criação de riquezas), o Estado-nação recém-estabelecido logo enfrentou a necessidade urgente de buscar novos territórios além de suas fronteiras; territórios capazes de absorver o excesso de população que ele não conseguia mais acomodar dentro de seus próprios limites.

A perspectiva da colonização de amplos domínios revelou-se um estímulo poderoso à ideia iluminista de cultura e deu à missão proselitista uma nova dimensão, potencialmente global. Numa imagem especular da visão de "esclarecimento do povo", forjou-se o conceito de "missão do homem branco" e de "salvar o selvagem de seu estado de barbárie". Logo esses conceitos ganhariam um comentário teórico sob a forma da teoria cultural evolucionista, que promovia o mundo "desenvolvido" ao status de perfeição inquestionável, a ser imitada e ambicionada, mais cedo ou mais tarde, pelo restante do planeta. Na busca desse objetivo, o resto do mundo deveria ser ativamente ajudado e, em caso de resistência, coagido. A teoria cultural evolucionista atribuiu à sociedade "desenvolvida" a função de converter os demais habitantes do planeta. Todas as suas iniciativas e realizações futuras foram reduzidas ao papel destinado a ser desempenhado pela elite da metrópole colonial perante seu próprio "populacho" metropolitano.

Bourdieu planejou sua pesquisa, recolheu e interpretou os dados assim descobertos numa época em que os esforços mencionados começavam a perder o impulso e a direção; de maneira geral, eles se tornaram uma força exaurida, sobretudo na metrópole, onde eram elaboradas as visões do futuro aguardado e postulado; fragilizava-se menos na periferia do império, de onde as forças expedicionárias eram obrigadas a retornar muito antes de equiparar a realidade da vida dos nativos aos padrões esposados na metrópole. Quanto a esta, a declaração de intenções com duzentos anos de duração conseguiu estabelecer uma ampla rede de instituições executivas, criadas e administradas principalmente pelo Estado – já vigoroso o suficiente para confiar em seu próprio impulso, em sua rotina firmemente estabelecida e na inércia burocrática.

O produto almejado (um "populacho" transformado em "corpo cívico") se formou. A posição na nova ordem das classes que se educavam lhe foi assegurada – ou pelo menos aceita como tal. Em vez de esforços, cruzadas ou missões do passado, audaciosos e aventureiros, a cultura agora se assemelhava a um dispositivo homeostático: uma espécie de giroscópio protegendo o Estado-nação de ventos e correntes cambiantes e ajudando-o, apesar das tempestades e dos caprichos de um clima mutável, a "manter o navio no curso correto" (ou, como diria Talcott Parsons em sua expressão então popular: possibilitar ao "sistema" "recuperar seu próprio equilíbrio").

Em suma, a "cultura" foi transformada de estimulante em tranquilizante; de arsenal de uma revolução moderna em repositório para a conservação de produtos. "Cultura" tornou-se o nome de funções atribuídas a estabilizadores, homeostatos ou giroscópios. Em meio a essas funções (de curta duração, como logo se evidenciaria), ela foi capturada, imobilizada, registrada e analisada, como que num instantâneo, em *La distinction*, de Bourdieu. Seu relato não escapa à regulação temporal da proverbial coruja de Minerva, a deusa de todo conhecimento. Bourdieu observava uma paisagem iluminada pelo sol poente, o qual por um átimo aguçou contornos que logo se dissolveriam na vizinha penumbra. Assim, ele captou a cultura em seu estágio homeostático, a cultura a serviço do status quo, da reprodução monótona da sociedade e da manutenção do equilíbrio do sistema, pouco antes da perda de sua posição, perda inevitável e que se aproximava depressa.

Essa perda de posição foi resultado de uma série de processos que constituíram a transformação da modernidade de sua fase "sólida" para a "líquida". Uso aqui a expressão "modernidade líquida" para denominar o formato atual da condição moderna, descrita por outros autores como "pós-modernidade", "modernidade tardia", "segunda modernidade" ou "hipermodernidade". O que torna "líquida" a modernidade, e assim justifica a escolha do nome, é sua "modernização" compulsiva e obsessiva, capaz de impulsionar e intensificar a si mesma, em consequência do que, como ocorre com os líquidos, nenhuma das formas consecutivas de vida social é capaz de manter seu aspecto por muito tempo. "Dissolver tudo que é sólido" tem sido a característica inata e definidora da forma de vida moderna desde o princípio; mas hoje, ao contrário de ontem, as formas dissolvidas não devem ser substituídas (e não o são) por outras formas sólidas – consideradas "aperfeiçoadas", no sentido de serem até mais sólidas e "permanentes" que as anteriores, e portanto até mais resistentes à liquefação. No lugar de formas derretidas, e portanto inconstantes, surgem outras, não menos – se não mais – suscetíveis ao derretimento, e portanto também inconstantes.

Pelo menos na parte do planeta em que os apelos da cultura são formulados e transmitidos, avidamente lidos e debatidos com paixão, a cultura (antes destituída, relembremos, do papel de aia de nações, Estados e hierarquias de classe autodeterminados e autoconfirmados) logo perdeu a função de serva de uma hierarquia social que se reproduz a si mesma. Uma a uma, as tarefas de que a cultura até então se incumbia deixaram de ter importância; elas foram abandonadas ou passaram a ser realizadas de outras maneiras e com ferramentas diversas. Liberada

Apontamentos sobre as peregrinações históricas... 17

das obrigações impostas por seus criadores e operadores – obrigações originárias de seu papel na sociedade, de início missionário e depois homeostático –, a cultura agora é capaz de se concentrar em atender às necessidades dos indivíduos, resolver problemas e conflitos individuais com os desafios e problemas da vida das pessoas.

Pode-se dizer que, em tempos líquido-modernos, a cultura (e, de modo mais particular, embora não exclusivo, sua esfera artística) é modelada para se ajustar à liberdade individual de escolha e à responsabilidade, igualmente individual, por essa escolha; e que sua função é garantir que a escolha seja e continue a ser uma necessidade e um dever inevitável da vida, enquanto a responsabilidade pela escolha e suas consequências permaneçam onde foram colocadas pela condição humana líquido-moderna – sobre os ombros do indivíduo, agora nomeado para a posição de gerente principal da "política de vida", e seu único chefe executivo.

Não estamos falando aqui de uma mudança ou modificação de paradigma; é mais exato falar de começo de uma era "pós-paradigmática" na história da cultura (e não apenas da cultura). Embora o termo "paradigma" ainda não tenha desaparecido do vocabulário cotidiano, ele juntou-se à família (que cresce depressa) das "categorias zumbis" (na expressão de Ulrich Beck), aquelas que deveriam ser usadas *sous rasure*,* se, na ausência de substitutos adequados, ainda não temos condições de abandoná-las (como preferiria dizer Jacques Derrida). A modernidade líquida é a arena de uma batalha constante e mortal travada contra todo tipo de paradigma – e, na verdade, contra todos os dispositivos homeostáticos que servem ao conformismo e à rotina, ou seja, que impõem a monotonia e mantêm a previsibilidade. Isso se aplica tanto ao herdado conceito paradigmático de

---

* *Sous rasure*: literalmente, "sob rasura"; expressão utilizada por Jacques Derrida para indicar conceitos que, em sua forma original, não são mais úteis para pensar sobre aquilo a que se referem. (N.T.)

cultura quanto à cultura em si (ou seja, a soma total dos produtos artificiais do homem, ou o "excesso de natureza" por ele produzido) que o conceito tentou captar, assimilar intelectualmente e tornar inteligível.

Hoje a cultura consiste em ofertas, e não em proibições; em proposições, não em normas. Como Bourdieu observou, a cultura agora está engajada em fixar tentações e estabelecer estímulos, em atrair e seduzir, não em produzir uma regulação normativa; nas relações públicas e não na supervisão policial; em produzir, semear e plantar novos desejos e necessidades, não no cumprimento do dever. Se há uma coisa para a qual a cultura hoje desempenha o papel de homeostato, esta não é a conservação do estado atual, mas a poderosa demanda por mudança constante (embora, ao contrário da fase iluminista, se trate de uma mudança sem direção, ou sem um rumo estabelecido de antemão). Seria possível dizer que ela serve nem tanto às estratificações e divisões da sociedade, mas a um mercado de consumo orientado para a rotatividade.

A nossa é uma sociedade de consumidores, em que a cultura, em comum com o resto do mundo por eles vivenciado, se manifesta como arsenal de artigos destinados ao consumo, todos competindo pela atenção, insustentavelmente passageira e distraída, dos potenciais clientes, todos tentando prender essa atenção por um período maior que a duração de uma piscadela. Como já observamos, ela afasta todos os rígidos padrões e exigências, aceita todos os gostos com imparcialidade e sem uma preferência unívoca, com "flexibilidade" de predileções (o termo politicamente correto com que hoje se designa a falta de coragem), com impermanência e inconsequência da escolha. Essa é a marca da estratégia recomendada como mais sensata e mais correta.

Hoje, o sinal de pertencimento a uma elite cultural é o máximo de tolerância e o mínimo de seletividade. O esnobismo cultural consiste agora na ostentosa negação do esnobismo. O princípio do elitismo cultural é onívoro – está à vontade em qualquer ambiente cultural, sem considerar nenhum deles seu lar, muito menos o único lar. Um crítico de TV cujos textos são publicados na imprensa intelectual britânica elogiou a programação de Ano-Novo, em 2007-2008, por sua promessa de "fornecer um conjunto de espetáculos musicais capaz de saciar o apetite de todos". "O bom", explicou ele, "é que seu apelo universal significa que você pode entrar e sair do show dependendo de sua preferência."[5] Essa é uma qualidade louvável e em si mesma admirável do suprimento cultural de uma sociedade em que redes substituem estruturas – e em que o jogo interminável de conectar-se e desconectar-se dessas redes, uma sequência inacabável de conexões e desconexões, substitui a determinação, a lealdade e o pertencimento.

As tendências aqui descritas têm também outro aspecto: uma das consequências de libertar a arte de seu antigo fardo de preencher uma função dolorosa é também a distância, frequentemente irônica e cínica, que dela tomaram seus criadores e destinatários. A arte, quando se fala dela, raras vezes inspira o tom santimonial ou reverente tão comum no passado. Nada de conflitos. Nada de barricadas. Nada de brandir espadas. Se há alguma discussão sobre a superioridade de uma forma de arte em relação a outra, ela é vocalizada sem paixão ou entusiasmo. As opiniões condenatórias e a destruição de reputações são mais escassas que nunca.

O que se esconde por trás desse estado de coisas é um embaraço, uma falta de autoconfiança, um senso de desorientação. Se os artistas não têm tarefas grandiosas e importantes para realizar, se suas criações não servem a outro propósito senão proporcionar fama e fortuna a um punhado de escolhidos, assim como divertimento e prazer pessoal a seus beneficiários, como podem ser avaliados, exceto pela publicidade exagerada que costuma acompanhá-los em qualquer dado momento? Como sintetizou Marshall McLuhan, com muita habilidade, "a arte é qualquer coisa com que se possa pintar e bordar". E como admitiu

Damien Hirst* – atual queridinho das mais elegantes galerias de arte de Londres e dos que se podem dar ao luxo de figurar entre seus clientes –, ao receber o Prêmio Turner, prestigiosa distinção artística da Grã-Bretanha: "É fantástico o que se pode fazer, na arte de nível A, com um E, uma imaginação distorcida e uma serra de aço."

As forças que impulsionam a gradual transformação do conceito de "cultura" em sua encarnação líquido-moderna são as mesmas que favorecem a libertação dos mercados de suas limitações não econômicas, sobretudo sociais, políticas e étnicas. Uma economia líquido-moderna, orientada para o consumidor, baseia-se no excedente das ofertas, no rápido envelhecimento e no definhamento prematuro do poder de sedução. Já que é impossível saber de antemão qual dos bens ou serviços oferecidos se revelará tentador o bastante para despertar o desejo dos consumidores, a única forma de separar realidade e pensamento positivo é multiplicar as tentativas e cometer equívocos caríssimos. Um suprimento ininterrupto de ofertas sempre novas é imperativo para a crescente circulação de produtos, com um intervalo reduzido entre aquisição e alienação; as ofertas são acompanhadas pela substituição por produtos "novos e melhores". Isso também é imperativo para evitar a situação em que outra decepção com produtos específicos se transforma em desapontamento geral em relação a um tecido existencial bordado com o fio dos picos de consumo numa tela feita de redes comerciais.

A cultura hoje se assemelha a uma das seções de um mundo moldado como uma gigantesca loja de departamentos em que vivem, acima de tudo, pessoas transformadas em consumidores. Tal como nas outras seções dessa *megastore*, as prateleiras

---

* Damien Hirst (1965): artista britânico, um dos integrantes da Young British Art, ficou famoso pela apresentação de animais dissecados ou mortos, conservados em formol; a venda de suas obras atinge cifras astronômicas no mercado internacional das artes plásticas. (N.T.)

estão lotadas de atrações trocadas todos os dias, e os balcões são enfeitados com as últimas promoções, as quais irão desaparecer tão instantaneamente quanto as novidades em processo de envelhecimento que eles anunciam. Esses produtos exibidos nas prateleiras, assim como os anúncios nos balcões, são calculados para despertar fantasias irreprimíveis, embora, por sua própria natureza, momentâneas (como disse George Steiner numa frase famosa: "Feitas para o máximo impacto e a obsolescência instantânea"). Os comerciantes desses produtos e os autores dos anúncios dependem do casamento da arte da sedução com o impulso do potencial cliente de conquistar a admiração de seus pares e desfrutar uma sensação de superioridade.

Em suma, a cultura da modernidade líquida não tem um "populacho" a ser esclarecido e dignificado; tem, contudo, clientes a seduzir. A sedução, em contraste com o esclarecimento e a dignificação, não é uma tarefa única, que um dia se completa, mas uma atividade com o fim em aberto. A função da cultura não é satisfazer necessidades existentes, mas criar outras – ao mesmo tempo que mantém as necessidades já entranhadas ou permanentemente irrealizadas. Sua principal preocupação é evitar o sentimento de satisfação em seus antigos objetos e encargos, agora transformados em clientes; e, de maneira bem particular, neutralizar sua satisfação total, completa e definitiva, o que não deixaria espaço para outras necessidades e fantasias novas, ainda inalcançadas.

· 2 ·

Sobre moda, identidade líquida e utopia nos dias atuais: algumas tendências culturais do século XXI

"A moda", diz Georg Simmel, "nunca apenas é. Ela existe num permanente estado de devir." Em acentuado contraste com os processos físicos, e em harmonia com o conceito de *perpetuum mobile*, a contingência de existir num estado constante de fluxo (ou seja, realizando eternamente o seu trabalho) não é impensável no caso da moda.

Impensável, contudo, é a ruptura da cadeia de mudança autopropagável depois que ela é posta em movimento. De fato, o aspecto mais destacado da moda é que seu "devir" não perde nada do ímpeto no caminho ou em consequência do "trabalho que ela faz" no mundo em que vigora. O "devir" da moda não apenas não perde energia ou ímpeto, mas sua força motora aumenta com sua influência e com as evidências acumuladas de seu impacto.

Fosse um mero processo físico comum, a moda seria uma anomalia monstruosa, quebrando todas as leis da natureza. Mas a moda não é um fato físico, é um fenômeno social.

A vida social, por sua própria natureza, é um artifício extraordinário. Ela faz o possível para invalidar a segunda lei da termodinâmica ao construir um nicho seguro que a proteja da "entropia", "a quantidade termodinâmica que representa a soma de energia no sistema que não pode ser usada para o trabalho mecânico", quantidade que "cresce com a degradação da matéria e da energia até seu derradeiro estado de homogeneidade estagnante". No caso da moda, esse estado de inércia que induz à uniformidade não é o "derradeiro estado", mas seu oposto, uma possibilidade em eterno retorno. Quanto mais aspectos do empenho e do hábitat humanos se sujeitam à lógica da moda, mais a regulação e a estabilidade de ambos se tornam inatingíveis.

É como se a moda se ajustasse a uma válvula de segurança que abre muito antes de a perspectiva de perda de energia resultante da conformidade (cujo desejo, paradoxalmente, é um dos impulsos humanos básicos na manutenção do processo da moda em constante estado de "devir") chegar a ponto de ameaçá-la com uma redução de velocidade, para não dizer com o esgotamento de seu poder de seduzir. Se a entropia, por assim dizer, é um nivelador da diversidade, a moda (que, permitam-me reiterar, extrai sua força da falta de inclinação humana para a distinção e do desejo de uniformidade) multiplica e intensifica as distinções, diferenças, desigualdades, discriminações e deficiências que ela promete suavizar e, em última instância, eliminar.

Impossibilidade no universo físico, o moto perpétuo (processo autoperpetuador que, ao mesmo tempo, acumula e consome energia) torna-se norma no momento em que se encontra no "mundo socializado". Como isso é possível? Simmel fez essa pergunta e explicou: isso ocorre pelo confronto de dois desejos e aspirações humanos igualmente poderosos e abrangentes – dois companheiros inseparáveis, embora em constante conflito, com os olhares apontados em direções opostas.

Mais uma vez tomando emprestada a terminologia da física, poderíamos dizer que o "devir" da moda é semelhante a um pêndulo peculiar, cujo movimento cinético é transformado, de modo gradual, porém profundo, sem perda alguma, às vezes até com algum ganho, em energia potencial pronta a se transformar na energia cinética do contramovimento. Os pêndulos oscilam; não fosse pela perda de energia a cada mudança de direção, jamais parariam de oscilar.

Os desejos e aspirações contraditórios de que se fala aqui são o anseio de um sentido de pertencimento a um grupo ou aglomeração e o desejo de se distinguir das massas, de possuir um senso de individualidade e originalidade; o sonho de pertencimento e o sonho de independência; a necessidade de apoio social e a demanda de autonomia; o desejo de ser como todos os outros e a busca de singularidade. Em suma, todas essas contradições resumem-se ao conflito entre a necessidade de dar as mãos, em função do anseio de segurança, e a necessidade de ceder, em função do anseio de liberdade. Ou, se olharmos esse conflito de outra perspectiva, o medo de ser diferente e o medo de perder a individualidade; ou da solidão e da falta de isolamento.

Como ocorre nos casamentos (na maioria deles?), segurança e liberdade não existem separadamente, mas não é fácil estabelecer sua convivência. Segurança sem liberdade é igual a cativeiro, liberdade sem segurança insinua uma incerteza crônica e carrega em si a ameaça de um colapso nervoso. Uma vez negados os efeitos redentores de seu parceiro (ou melhor, de seu *alter ego*), com sua capacidade de equilibrar, compensar e neutralizar, segurança e liberdade deixam de ser valores ansiosamente desejados e se transformam em pesadelos insones. Segurança e liberdade são mutuamente dependentes mas, ao mesmo tempo, mutuamente excludentes. Atraem-se e repelem-se em medida desigual; as proporções relativas desses sentimentos contraditórios mudam *pari passu* com os desvios frequentes (frequentes o bastante para serem considerados rotineiros) em relação ao "caminho dourado" pelo qual são assumidos (não por muito tempo) os compromissos entre as duas.

Em geral, qualquer tentativa de atingir o equilíbrio e a harmonia entre esses desejos ou valores se revela incompleta, não totalmente satisfatória e também demasiado instável e frágil para se criar uma aura de certeza. Sempre haverá algumas pontas soltas à espera de ser amarradas, embora ameaçando, a cada puxão, a tênue rede de relacionamentos. Por essa razão, as tentativas de conciliação jamais atingem o objetivo tão arduamente perseguido, seja ele reconhecido ou secreto; também por essa razão, é impossível desistir. A convivência da segurança com a liberdade sempre será tempestuosa e sensível demais. Sua ambivalência intrínseca e insolúvel é fonte inesgotável de energia criativa e de mudança obsessiva. É isso que determina sua condição de moto perpétuo.

"A moda", diz Simmel, "é uma forma de vida particular, que procura garantir o acordo entre uma tendência no sentido da igualdade social e outra no sentido do isolamento individual."[1] Esse acordo, repetimos, não pode ser um "estado permanente", não pode ser estabelecido de uma vez por todas: a condição de "até segunda ordem" está inscrita nele como marca indelével. O acordo, tal como a moda que procura alcançá-lo, nunca "é", sempre "se torna". Ele não pode ficar parado, exige renegociação contínua.

Guiada pelo impulso de ser diferente, de escapar da multidão e da rotina competitiva, a busca em massa da última moda (do próprio momento) logo faz com que as atuais marcas de distinção se tornem comuns, vulgares e triviais; mesmo o menor lapso de atenção ou até uma redução momentânea da velocidade da prestidigitação podem produzir efeitos opostos aos pretendidos: a perda da individualidade. Hoje, os símbolos de "estar na vanguarda" devem ser adquiridos depressa, enquanto os de ontem, da mesma forma, devem ser confinados à pilha de refugos. A regra de ficar de olho naquilo "que já saiu de moda" deve ser observada tão conscienciosamente quanto a obrigação de permanecer no topo do que é (neste momento) novo e atual. O estilo de vida declarado pelos que dele desfrutam ou a ele aspiram, comunicado aos outros e tornado publicamente reconhecível pela aquisição dos símbolos da mudança da moda, também é definido pela preeminência dos símbolos das últimas tendências e pela ausência daqueles que não estão mais na moda.

O moto perpétuo da moda, na verdade, é um aniquilador bastante qualificado, amplamente experimentado e muito eficiente de todo tipo de inércia. A moda coloca todo estilo de vida em estado de permanente e interminável revolução. De vez que o fenômeno da moda está íntima e indissoluvelmente ligado aos atributos eternos e universais das condições do homem no mundo e aos conflitos igualmente inevitáveis, sua aparência não está confinada a um ou alguns modos de vida selecionados. Em cada período da história, em cada território habitado pelos seres humanos e em cada cultura, a moda assumiu o papel de operador chefe da transformação da mudança constante em norma do modo de vida humano. Mas seu modus operandi, juntamente com as instituições que atendem a suas operações, muda com o tempo. A atual forma do fenômeno da moda é definida pela colonização e exploração, pelos mercados de consumo, desse aspecto eterno da condição humana.

A moda é um dos principais motores do "progresso" (ou seja, o tipo de mudança que diminui, difama e, em outras palavras, desvaloriza tudo aquilo que ela deixa atrás de si e substitui por algo novo). Mas, em oposição aguda aos usos anteriores desse termo, a palavra "progresso", tal como aparece nos sites comerciais da internet, está associada menos à esperança de escapar do perigo do que à ameaça de que se deve escapar; ela não define o objetivo do esforço, mas a razão de sua necessidade. No uso atual do termo, "progresso" é basicamente um processo irrefreável, sem relação com nossos desejos e indiferente a nossos sentimentos – um processo cuja força irresistível e insuperável exige nossa humilde submissão segundo o princípio de "Se não pode vencê-los, junte-se a eles".

O progresso, segundo as crenças instiladas pelos mercados de consumo, é uma ameaça mortal ao preguiçoso, ao imprudente e ao indolente. O imperativo de "juntar-se ao progresso" ou "seguir o progresso" é inspirado pelo desejo de escapar do espectro da catástrofe pessoal causada por fatores sociais, impessoais, cujo hálito podemos sentir constantemente sobre nossa nuca. O que ele evoca é o caso do "voo para o futuro" do Anjo da História nas pinturas de Paul Klee comentadas por Walter Benjamin: um anjo de costas para o futuro, para o qual é atraído pela repulsa que sente diante da visão dos resquícios decadentes e malcheirosos deixados para trás em fugas anteriores. Só que aqui, parafraseando Marx, a tragédia épica do Anjo da História é moldada pela moda orientada para o mercado segundo o modelo de uma grotesca câmara.

O progresso, em suma, passou do discurso da melhoria compartilhada da existência para o discurso da sobrevivência pessoal. Ele não é mais pensado no contexto de um desejo de velocidade, mas de um esforço desesperado para não sair fora do caminho e evitar a desqualificação e a exclusão da corrida. Pensamos em "progresso" não no contexto de elevar nosso status, mas de evitar o fracasso. Você ouve notícias, por exemplo, de que o Brasil será "o único destino turístico ensolarado este ano", e conclui que você não poderá ser visto em lugares onde estavam, no ano passado, as pessoas que compartilham suas aspirações. Ou você lê que deve "livrar-se de um poncho" que esteve muito em voga no ano anterior, pois se usá-lo hoje ele o fará parecer (já que o tempo não para) "um camelo". Mais que isso, você aprende que ternos risca de giz e camisetas, que eram um must na temporada passada, agora são coisas ultrapassadas, já que hoje "todo mundo e todos estão usando", e assim por diante. O tempo realmente passa, e o truque é manter o mesmo ritmo dele. Se você não quer afundar, deve continuar surfando, ou seja, continuar mudando, com tanta frequência quanto possível, o guarda-roupa, a mobília, o papel de parede, a aparência e os hábitos – em suma, você.

Uma vez que os esforços coordenados e resolutos do mercado de consumo fizeram com que a cultura fosse subjugada pela lógica da moda, torna-se necessário – para ser uma pessoa e ser visto como tal – demonstrar a capacidade de ser outra. O modelo pessoal da busca de identidade torna-se o camaleão. Ou o lendário Prometeu, cuja capacidade mítica de se transformar, segundo sua vontade, em qualquer outra entidade, ou de assumir formas aleatórias, embora distintas da original, foi tão admirada no Renascimento por Pico della Mirandola. A cultura plenamente abrangente de nossos dias exige que se adquira a aptidão para mudar de identidade (ou pelo menos sua manifestação pública) com tanta frequência, rapidez e eficiência quanto se muda de camisa ou de meias. Por um preço módico, ou nem tanto, o mercado de consumo vai ajudá-lo na aquisição dessas habilidades, em obediência à recomendação da cultura.

Não preciso acrescentar, já que seria óbvio, que a mudança de foco da posse para o descarte e a alienação de coisas se encaixa perfeitamente na lógica de uma economia orientada para o consumo. As pessoas que se apegam a roupas, computadores e celulares de ontem significam a catástrofe para uma economia cuja principal preocupação, e cuja condição sine qua non de sobrevivência, é o descarte rápido, e cada vez mais abundante, na lata do lixo, dos bens comprados e adquiridos; uma economia cuja coluna vertebral é a remoção do lixo.

A fuga é o objetivo mais popular (e de fato obrigatório). Os exércitos não insistem mais no serviço militar compulsório, até o evitam. Mas o dever comum de um cidadão/consumidor, dever sancionado pela punição (capital) para a deserção, é permanecer fiel à moda e continuar a segui-la. Semanticamente falando, a fuga é o oposto da utopia; contudo, em termos psicológicos, hoje ela se manifesta como seu único substituto disponível. Pode-se dizer que é a nova e atualizada interpretação da utopia adaptada às demandas de nossa sociedade de consumidores, desregulamentada e individualizada. Em nossos dias, é óbvio que não se pode mais sustentar seriamente qualquer esperança real de fazer do mundo um lugar melhor para se viver; mas nos vemos tentados a salvaguardar (da moda, do "progresso"), ao menos por algum tempo, aquele lugar relativamente agradável, privado, que se conseguiu construir para si mesmo nesse mundo.

Nossos interesses privados resumem-se em evitar o fracasso. A luta pela sobrevivência exige nossa completa e total atenção, vigilância por 24 horas, sete dias por semana – e sobretudo o movimento constante, tão rápido quanto possível.

Slawomir Mrozek, o renomado escritor polonês familiarizado com muitas culturas, observou: "Era uma vez uma época em que colocávamos a culpa de nossa infelicidade no gerente do momento – Deus. Concordávamos em que ele conduzia mal os negócios. Nós o demitimos e nos nomeamos gerentes."[2] Mas, observou Mrozek, anticlerical convicto, os negócios não melhoraram com a mudança da gerência. Não melhoraram porque, quando nossos sonhos e esperanças de uma vida melhor se concentram inteiramente no nosso próprio ego, e se reduzem a um remendo em nossos corpos ou almas, "não há limites a nossas ambições e tentações; e assim, para que o ego possa crescer, todos os limites devem ser eliminados".

> Alguém me disse: "Ajuste-se, imagine sua própria vida, harmonize-a com o modo como gostaria que ela fosse, não apenas minuto por minuto, mas do começo ao fim." Como posso fazer isso? Assim, desse jeito, sem ajuda, ensaios, tentativas, erros e correções; e, acima de tudo, sem dúvidas?[3]

A dor da escolha punitivamente limitada foi substituída por outra dor, não menos severa, mas agora ocasionada pelo dever de fazer uma opção irrevogável diante da incerteza – e da falta de confiança na eficácia de qualquer escolha futura. Mrozek vê uma semelhança profunda entre o mundo em que vivemos e uma barraca de roupas extravagantes, "cercada por um monte de pessoas em busca de seu próprio self. ... Você pode mudar continuamente, que liberdade ilimitada, ... portanto, vamos procurar nosso self, que coisa divertida – sob a condição de jamais encontrá-lo. Senão acabaria a festa."[4]

A ideia singular de destituir a incerteza de seu poder incapacitante, ao mesmo tempo transformando a felicidade numa condição segura e permanente (mediante a contínua e ininterrupta variação do próprio self, por meio da mudança de costumes), é hoje a própria encarnação da utopia. Esta não é apenas uma utopia inerentemente adequada a uma sociedade de "caçadores" (que substituíram os "jardineiros", protagonistas da era da modernidade "sólida", assim como os guarda-caças nos tempos pré-modernos), mas também uma utopia que agrada a essa sociedade; uma versão "desregulamentada", "privatizada", "individualizada" do velho sonho de "boa sociedade", ou seja, um ambiente hospitaleiro à humanidade de seus integrantes e capaz de garantir essa condição humana.

A caça é uma atividade de tempo integral no palco da modernidade líquida. Ela consome uma quantidade incomum de atenção e energia, deixando pouco tempo para qualquer outra coisa. Distrai a atenção do caráter inerentemente infindável da tarefa e adia para as calendas gregas – para uma data inexistente – o momento da reflexão e da percepção face a face da impossibilidade de sua realização. Como Blaise Pascal observou séculos atrás, as pessoas procuram ocupações urgentes e opressivas que as impeçam de pensar em si mesmas, e por isso estabelecem como alvo um objeto atraente que possa encantá-las e seduzi-las. As pessoas querem fugir à necessidade de pensar sobre sua "condição infeliz". "É por isso que preferimos a caçada à captura." "A posse em si não nos livraria de pensar na morte e na miséria, mas a caça, sim."[5] Os pensamentos de Pascal são concretizados na moda comercializada.

A caça é como uma droga: uma vez provada, transforma-se em hábito, necessidade interior e obsessão. A caçada de um coelho decerto se revelará uma decepção desagradável e aumentará o desejo de outro ensaio, pois a expectativa de uma caçada exitosa será a experiência mais agradável (talvez a única?) de todo o evento. A caçada de um coelho põe fim a qualquer agitação, aumentando a expectativa. O único método para amenizar a frustração é planejar e iniciar imediatamente a próxima aventura.

Será esse o fim da utopia? Em certo sentido, sim. O pensamento utópico do início da modernidade inspirava-se no desejo de uma trégua em relação ao caos de eventos que incapacitava e que criava medo; no sonho de chegar ao fim de uma corrida de obstáculos, com dificuldades insuperáveis, e a um nirvana situado do outro lado da linha de chegada, onde o tempo não se move e cuja ultrapassagem está vetada à história. Não há, porém, espaço na vida de um caçador para um momento em que se possa dizer com certeza que a tarefa foi cumprida, em que a única expectativa é o descanso e o prazer ilimitado em meio ao produto acumulado das pilhagens.

Numa sociedade de caçadores, a expectativa do fim da caçada não é sedutora, mas aterrorizante. Seria um momento de falha pessoal. As trompas de caça convocariam novas aventuras, os cães uivariam, estimulando deliciosos sonhos de antigas caçadas; por toda parte, outros estariam na busca frenética de suas presas, não haveria fim para a agitação e para os clamores de júbilo. Só eu estaria de lado, excluído e afastado da companhia, indesejado e condenado a ficar longe da alegria; uma pessoa com permissão de assistir à folgança dos outros por detrás da cerca, mas a quem se nega a oportunidade de participar. Se a vida da caça é a utopia de nossa época, ela também é, em contraste com suas antecessoras, a utopia de uma aventura sem fim. Na verdade, é uma estranha utopia. Suas antecessoras foram seduzidas pela expectativa do fim da estrada e da labuta, enquanto a utopia dos caçadores é um sonho em que estrada e labuta jamais terminam. Não é o fim da jornada que estimula o esforço, mas sua infinitude.

Essa é uma utopia estranha e não ortodoxa, mas, não obstante, uma utopia, como as outras que a antecederam, prometendo o que, afinal, é uma recompensa inatingível, uma solução definitiva e radical para todos os problemas humanos, passados, presentes e futuros, assim como um antídoto também definitivo e radical para todos os males e aflições da condição humana. É uma utopia não ortodoxa porque apresenta uma terra de soluções e curas, dos "lá e então" do futuro distante até os "aqui e agora" do momento presente. Em vez de uma vida que leva à utopia, aos caçadores se oferece uma vida na utopia. Para os "jardineiros" a utopia era o fim da estrada, enquanto para os "caçadores" a própria estrada é a utopia. (Será que não deveríamos, nesse caso, trocar o termo "u-topia" pelo termo "u-*ambulatio*"?)

Os jardineiros viam no fim do percurso a realização e o triunfo final da utopia. Para os caçadores, chegar ao termo da estrada seria a derrota final e ignominiosa. A humilhação se acrescentaria às mágoas já existentes, transformando esse recesso em derrota pessoal. Como outros caçadores não deixariam de caçar, a exclusão da caçada permanente se tornaria sinônimo de desgraça, de vergonha da rejeição e, em última instância, de opróbrio, por estar exposto às próprias deficiências.

A utopia trazida de um lugar nebuloso para o tangível "aqui e agora", a utopia já vivida, e não "ansiada", é imune ao teste das experiências futuras. Para todos os fins e propósitos, ela é imortal. Mas ganhou sua imortalidade à custa da fragilidade e da susceptibilidade de todos que ela encantou e seduziu. Falando de maneira aproximada, essa é a base do fenômeno da moda. Poderíamos muito bem estar falando aqui da moda em lugar da vida líquido-moderna e de sua utopia.

Em contraste com as utopias do passado, a utopia da modernidade líquida, a utopia, ou "u-*ambulatio*", dos caçadores, a utopia da vida girando em torno da busca da moda, permanentemente elusiva, não dá sentido à vida, seja esse sentido autêntico ou falso. Só ajuda a banir de nossa cabeça a questão do significado da existência. Tendo transformado a jornada existencial numa série infindável de medidas egoístas, fazendo de cada episódio vivenciado uma introdução ao próximo da série, ela não oferece a oportunidade de considerar sua direção ou o significado da vida como tal. Quando essa oportunidade finalmente se apresenta, ou seja, nos momentos em que se abandona o modo de vida dos caçadores ou que dele se é excluído, em geral é tarde demais para que a reflexão influencie o curso da vida de uma pessoa ou daqueles à sua volta. É tarde demais para se opor ao modelo de vida "realmente existente" – e decerto para qualquer questionamento de seu sentido capaz de produzir resultados práticos.

Os estudos sobre moda, problemas de identidade ou metamorfoses da utopia são apenas alguns dos "grãos de areia" em que William Blake tentou "ver o mundo"; ou seja, uma forma de "segurar a infinitude na palma de sua mão", e segurá-la com firmeza. O mundo cujos lampejos podem ser captados nesses poucos grãos de areia é aquele habitado em conjunto por todos nós, nativos da era líquido-moderna. E essa infinitude capturada no curso de nossas reflexões é nosso *Lebenswelt* ("mundo da vida"), o mundo de nossas experiências, ou seja, um mundo vivenciado por nós, moldado pelo modo de vida que compartilhamos com outros artistas segundo o decreto histórico da cultura.

· 3 ·

Cultura: da construção da nação
ao mundo globalizado

Os contornos do cenário cultural que deveriam "se dissolver na escuridão do crepúsculo" quando a coruja de Bourdieu saísse em voo (ver capítulo anterior) eram aqueles observados e descritos pelo prisma do "sistema autoequilibrado", ambicionado, louvado, prematura e periodicamente celebrado e festejado pelos intelectuais e especialistas em panegíricos dos Estados-nação na fase "sólida" da era moderna. Já que dispositivos homeostáticos em bom funcionamento (que tornam difícil ou mesmo impossível qualquer desvio em relação ao modelo de sistema escolhido, e que restauram suas rotinas interrompidas) são essenciais para a sobrevivência de sistemas duradouros e imutáveis, a propensão a definir e avaliar todos os elementos ou aspectos da sociedade em termos de suas qualidades e efeitos homeostáticos era a tendência natural das sociedades identificadas com esses sistemas ou que a eles aspiravam.

Enquanto os Estados-nação fomentavam tais aspirações e esperanças, estimular as qualidades homeostáticas parecia algo tão bem-fundamentado quanto inevitável, assim como parecia óbvio aceitar seus efeitos estabilizantes sobre o sistema como critério de "funcionalidade" (leia-se, utilidade e benefício) do fenômeno que os causava. Contudo, a partir do momento em que os Estados-nação começaram a ser coagidos e encorajados a abandonar essas aspirações e esperanças, os fundamentos dessas práticas se tornaram menos inabaláveis. A medida de "funcionalidade" (repito, utilidade e benefício) das instituições baseada em seus efeitos estabilizantes sobre o sistema já não parecia tão inquestionável ou inegavelmente correta.

Enquanto sobreviveram as aspirações de autorreprodução monótona do sistema (nada além disso), a visão homeostática da cultura continuou imune a críticas. Mas as aspirações começaram a se debilitar, e, afinal, sob o impulso da globalização, tiveram de ser totalmente abandonadas – primeiro com relutância, mas logo sem grandes dúvidas e até de boa vontade. Um efeito colateral da perda dessas aspirações foi a emergência gradual da natureza inconsistente, indistinta, frágil e, em última instância, fictícia das fronteiras do sistema; e, no final, a morte da ilusão de soberania territorial, e com ela a tendência a endossar um Estado-nação segundo a força de seu sistema em termos de autossuficiência, autorreprodução e autoequilíbrio.

As profundas consequências da influência da globalização (acima de tudo, a separação mútua entre poder e política, e o subsequente abandono, pelo Estado enfraquecido, de suas funções tradicionais, liberando-o da supervisão política) foram examinadas em profundidade e minuciosamente descritas na bibliografia da ciência política e da sociologia. Limitemo-nos apenas, pois, a um aspecto do processo de globalização – aspecto raramente discutido no contexto da mudança de paradigmas da pesquisa e da teoria cultural: o caráter diferenciador da migração global.

A migração em massa, ou migração de pessoas (em oposição à migração de povos, como ocorreu no início da Idade Média), foi parte integrante da modernidade e da modernização; foi seu modo de vida, permanentemente e desde o início. E não admira, considerando-se que a criação da ordem e o crescimento econômico, dois componentes notáveis da modernização, deram origem a crescentes grupos de pessoas classificadas como supérfluas em sua terra natal, os dejetos da criação da ordem e do crescimento econômico. Três fases distintas constituem a história da migração moderna.

A primeira foi a emigração de cerca de 60 milhões de pessoas da Europa, a única área "em processo de modernização" em todo o planeta naquela época (ou seja, o único território "superpovoado"), para "terras vagas" (as terras cujas populações indígenas podiam ser desprezadas pela Europa, ao mesmo tempo poderosa e superpovoada, ou vistas como inexistentes ou irrelevantes para seus planos e cálculos futuros). O que restasse das populações nativas depois dos assassinatos em massa e das epidemias também em massa se tornaria, para os recém-chegados, outro caso de "cultivo", a ser enfrentado da mesma forma já tentada em seus países de origem por sua própria elite cultural – cultivo agora elevado ao status de "missão do homem branco".

A segunda leva fez com que a direção da migração originária da metrópole desse um giro de 180 graus. Com o declínio dos impérios coloniais, algumas das populações nativas – com variados graus de educação e "sofisticação cultural" – seguiram os colonialistas que retornavam à terra natal; estabeleceram-se em cidades nas quais deveriam ajustar-se à única visão de mundo e ao único modelo estratégico disponível até então, o da assimilação, criado na fase inicial do processo de construção nacional como forma de lidar com minorias étnicas, linguísticas ou culturais. Para sua assimilação, destinada a unificar a nação que era moldada sob a égide de um Estado moderno, os recém-chegados se transformavam em "minorias" (embora, reconhecidamente, com cada vez menos convicção, ambições ou possibilidades de sucesso), em objetos de cruzadas culturais, *Kulturkampf* ("luta pela cultura") e missões proselitistas.

Essa segunda fase na história da migração moderna ainda não chegou ao fim. Mais por inércia que por algum discernimento sobre a nova situação, seus ecos ainda ressoam de vez em quando em declarações públicas de intenção da parte de políticos (embora, com o espírito de correção política, muitas vezes sejam transmitidas como demandas de "educação cívica" ou "integração").

A terceira fase da migração moderna, hoje em pleno curso e ganhando ímpeto, a despeito dos atentados frenéticos para atê-la, introduz a era das diásporas. Trata-se de um arquipélago infinito de colônias étnicas, religiosas e linguísticas, sem preocupações com os caminhos assinalados e pavimentados pelo episódio imperial/colonial, mas, em vez disso, conduzido pela lógica da redistribuição global dos recursos vivos e das chances de sobrevivência peculiar ao atual estágio da globalização. As diásporas dispersam-se e espalham-se por inúmeros territórios formalmente soberanos; elas ignoram as pretensões dos nativos quanto à primazia de necessidades, demandas e direitos locais, e se movimentam entre as armadilhas de uma cidadania dual (ou múltipla) – e, mais que isso, de uma lealdade também dual (ou múltipla). A migração atual difere das fases anteriores na equidade dos muitos caminhos possíveis – e no fato de que quase nenhum país é hoje exclusivamente um lugar de imigração ou de emigração. Não mais determinados de forma inequívoca pela herança do passado imperial/colonial, os caminhos da migração são abertos e reabertos ad hoc.

A última fase da migração aplica um ponto de interrogação no vínculo incipiente e inquebrantável entre identidade e nacionalidade, o indivíduo e seu lugar de habitação, sua vizinhança física e sua identidade cultural (ou, de maneira mais simples, sua proximidade física e cultural). Jonathan Rutherford, observador clarividente e perspicaz das flexíveis fronteiras da comunidade humana, ressalta que os moradores de seu bairro em Londres pertencem a um conjunto de comunidades muito diversificadas em termos de cultura, língua e costumes; vão de pequenas aglomerações amontoadas nos limites de algumas poucas ruas próximas até postos avançados de redes de grande alcance, por vezes amplíssimas. Essa vizinhança é caracterizada por fronteiras ondulantes, flutuantes e porosas, em que fica difícil determinar quem legalmente é de dentro e quem é estranho, quem está em casa e quem é intruso. Qual o nosso pertencimento quando vivemos num bairro como esse, indaga Rutherford, deixando a pergunta sem resposta. O que é essa coisa que chamamos de lar? Quando olhamos para trás e recordamos o que nos trouxe aqui, com qual das histórias por nós contadas e ouvidas nos sentimos mais conectados?[1]

A vida de muitos europeus, talvez da maioria, hoje é vivida numa diáspora – de que alcance e em que direção(ões)? – ou entre diásporas – de que alcance e em que direção(ões)? Pela primeira vez a "arte de conviver com a diferença" tornou-se um problema cotidiano. Esse problema só pôde se materializar num momento em que as diferenças entre pessoas deixaram de ser percebidas apenas como fontes temporárias de irritação. Ao contrário do passado, a realidade de viver na estrita proximidade de estranhos parece algo que chegou para ficar; assim, exige que se desenvolvam ou se adquiram habilidades que possibilitem a coexistência diária com modos de vida diferentes dos nossos; uma coexistência, além disso, que se mostrará não apenas sustentável, mas mutuamente benéfica – não apesar das diferenças que nos dividem, mas em função delas. A noção de "direitos humanos", hoje promovida como substituta da ideia de direitos territorialmente determinados (e, na prática, territorialmente limitados), ou, por assim dizer, "direitos por pertencimento", é, afinal, e em última análise, o direito à diferença.

A nova interpretação da ideia de direitos humanos básicos estabelece, no mínimo dos mínimos, os alicerces da tolerância mútua; mas, cabe enfatizar, não chega a ponto de estabelecer os alicerces da solidariedade mútua. A nova interpretação quebra a hierarquia das culturas herdada do passado e coloca de lado o modelo da assimilação como uma evolução cultural naturalmente "progressiva", que leva, de forma inexorável, a um objetivo-modelo predeterminado. Para falar do ponto de vista axiológico, as relações culturais não são mais verticais, mas horizontais; nenhuma cultura pode exigir ou ter direito à subserviência, à humilhação ou à submissão a qualquer outra simplesmente em decorrência de uma presumida superioridade ou de um "caráter progressivo". Hoje os modos de vida flutuam em direções diferentes e não necessariamente coordenadas; entram em contato e se separam, aproximam-se e se distanciam, abraçam-se e se repelem, entram em conflito ou iniciam um intercâmbio de experiências ou serviços – e fazem tudo isso (parafraseando a expressão memorável de Georg Simmel) flutuando numa suspensão de culturas, todas com uma gravidade específica semelhante ou totalmente idêntica. Hierarquias em tese estáveis e inquestionáveis e caminhos evolutivos unidirecionais são hoje substituídos por disputas pela permissão de ser diferente; esses são choques e batalhas cujo resultado é impossível de se prever, e em cujo caráter conclusivo não se pode confiar.

Seguindo o exemplo de Arquimedes, que teria prometido virar o mundo de cabeça para baixo se tivesse um ponto de apoio, podemos dizer que era possível prever de forma correta quem assimilaria quem, qual singularidade e não paridade estava destinada a desaparecer, qual iria concretizar-se, ou mesmo dominar, caso fôssemos presenteados com uma hierarquia de culturas inequívoca e incontestável. Bem, não estamos sendo presenteados com uma hierarquia, nem parece provável que o sejamos num futuro previsível.

Hoje, a escala dos movimentos populacionais globais é ampla e continua a crescer. Os governos exploram ao máximo sua criatividade para agradar o eleitorado, limitando o acesso dos imigrantes, seus direitos de asilo ou, de modo mais geral, os direitos de abrigo e de ajuda em situações difíceis. Porém, apesar de seus esforços, as chances de a atual versão da "grande migração de povos" estar chegando a um fim prematuro permanecem reduzidas. Os políticos e os advogados por eles contratados fazem o possível para traçar uma linha entre a livre passagem de capital, moedas, investimento (assim como dos bem-vindos homens de negócio que vêm na sua esteira) e os imigrantes em busca de emprego, em relação aos quais eles demonstram indisfarçável animosidade, competindo exitosamente, nesse aspecto, com seu eleitorado; contudo, esse tipo de linha não é fácil de traçar, que dirá de fortalecer e tornar impenetrável. A avidez dos consumidores e o entusiasmo dos investidores logo desapareceriam se a liberdade de movimento comercial não fosse acompanhada da liberdade da força de trabalho (e assim também da demanda potencial de bens e produtos) para segui-los até o lugar em que ambos – trabalho e possibilidades de consumo – os aguardam.

É impossível negar que as "forças de mercado" em movimento livre contribuem muito para a crescente mobilidade dos migrantes "econômicos". No entanto, até governos territoriais são obrigados, ocasionalmente, embora com relutância, a cooperar com eles. Ambas as forças, em conjunto, são favoráveis a processos que pelo menos uma delas preferiria (na prática, mais até que na teoria) conter, na esperança de obter ganhos políticos. Segundo pesquisa coordenada por Saskia Sassen, as ações das agências extraterritoriais (assim como as dos governos locais, não importa o que possam dizer seus porta-vozes), em conjunto, intensificam a migração, em vez de reduzi-la.[2]

Após a desconstrução do tradicional comércio local, as pessoas, privadas de seus rendimentos ou de qualquer esperança de tornar a obtê-los, se tornam presas fáceis de organizações criminosas semilegais especializadas no "tráfico de seres vivos". Na década de 1990, essas organizações ganharam cerca de US$ 3,5 bilhões por ano com a migração ilegal – e o apoio tácito de governos que "olhavam para o outro lado" não deixou de ser comentado. Quando as Filipinas, por exemplo, tentaram equilibrar o orçamento do Estado e pagar parte da dívida governamental com a lucrativa exportação de seu excedente humano, os governos de Estados Unidos e Japão aprovaram leis permitindo a importação de trabalhadores estrangeiros (em geral menos exigentes que a população local) para ocupar empregos cujas escalas de pagamento os nativos não estavam dispostos a aceitar; esses migrantes oferecem sua mão de obra por uma ninharia.

O resultado conjunto de todas essas pressões é o crescimento global das diásporas étnicas; as pessoas, em geral, são menos voláteis que os ciclos econômicos de crescimento e crise; cada ciclo consecutivo deixa atrás de si colônias de imigrantes que se esforçam para se adaptar ao país para onde foram levados. Mesmo que os recém-chegados desejassem seguir em frente e se mudar para outro país, as mesmíssimas complicações da migração que para lá os levou sem grandes dificuldades agora se mostrariam insuperáveis. Os imigrantes não têm escolha senão aceitar o destino de ser outra "minoria étnica" no país que os recebeu; para os nativos, nada a fazer senão preparar-se para viver cercados de diásporas. Espera-se, tanto de uns quanto de outros, que encontrem maneiras de lidar com realidades desfavoráveis, sobre as quais não têm controle.

No final de seu profundo estudo de uma dessas diásporas na Grã-Bretanha, Geoff Dench sugere:

> Muitas pessoas na Grã-Bretanha ... veem os membros das minorias étnicas como forasteiros cujos destinos e lealdades são inerentemente distintos daqueles dos britânicos, e cuja posição dependente e inferior é óbvia. Sempre que ocorre um conflito de interesses, a opinião pública obrigatoriamente será contra eles.[3]

Essa generalização se aplica não apenas à Grã-Bretanha nem à "minoria étnica" (os malteses) que constituiu o principal objeto do estudo de Dench. Tendências similares são observadas em qualquer país onde essas diásporas apareceram – em outras palavras, por todo o planeta. A íntima proximidade de aglomerações "etnicamente estrangeiras" dissemina hábitos tribais na população local, e o propósito das estratégias insinuadas por esses hábitos é o isolamento compulsório, "guetificante", dos "elementos estrangeiros", o que, por sua vez, aumenta os impulsos defensivos das populações de imigrantes: sua propensão ao estranhamento e ao fechamento em círculos próprios. Essa alimentação mútua de pressões e impulsos tem todas as características de uma "cadeia cismática", tal como descrita por Gregory Bateson, conhecida pela tendência à autopropulsão e à autoampliação – e sempre difícil de se interromper, que dirá de se quebrar. Tendências no sentido da separação e do isolamento surgem dos dois lados, acrescidos de debates e descontrole apaixonado.

Embora esse estado de coisas seja deplorado por numerosos grupos influentes e de orientação liberal, jamais surgem formuladores de políticas públicas genuinamente interessados em pôr fim à situação, prejudicial a todos, de incitamento mútuo a pressões isolacionistas, muito menos em se dedicar a sério à eliminação de suas fontes. Por outro lado, muitas outras forças poderosas conspiram para erigir barricadas de ambos os lados, e outras tantas colaboram furtivamente, por vezes de forma não intencional e involuntária, em sua construção e no emprego de tropas armadas.

Em primeiro lugar, há o velho adágio, testado e comprovado, de "dividir para governar", que autoridades de todas as épocas têm buscado concretizar sempre que se sentem ameaçadas pelo acúmulo e concentração de queixas, ressentimentos e rancores variados e dispersos. Se apenas fosse possível evitar que todas as dúvidas e protestos dos prejudicados confluíssem para formar uma corrente única; para garantir que cada categoria de oprimido não tivesse de enfrentar seu tipo único e particular de opressão separadamente e sem ajuda, encarando com suspeita outros infortunados que fizessem o mesmo... Então, talvez fosse possível direcionar o fluxo das emoções para outros escoadouros e dissolver, dispersar e exaurir a energia do protesto numa massa de escaramuças intertribais e intercomunais. Os guardiães da lei talvez fossem capazes de assumir as vestes de moderadores imparciais e se apresentar no papel de advogados da conciliação dos interesses dos grupos, evangelistas da coexistência pacífica e devotos do fim das animosidades e das guerras mutuamente destrutivas, enquanto seu papel de causadores da situação que tornou inevitável o início das hostilidades seria ocultado e ignorado em silêncio. Richard Rorty oferece uma "descrição densa" (expressão de Clifford Geertz) dos usos contemporâneos dessa antiga estratégia.

> O objetivo será manter a mente dos proletários concentrada em outras coisas – manter os 75% mais pobres dos Estados Unidos e os 95% mais pobres da população mundial ocupados em hostilidades étnicas e religiosas e em debates sobre costumes sexuais. Se os proletários puderem se distrair de seu próprio desespero por pseudoeventos criados pela mídia, incluindo ocasionais guerras curtas e sangrentas, os super-ricos pouco terão a temer.[4]

Quando os pobres discutem com os pobres, os ricos têm todo motivo para esfregar as mãos de alegria. Isso não apenas porque será evitado indefinidamente o perigo de eles se voltarem contra os responsáveis por seu sofrimento, como ocorreu no passado sempre que o princípio de "dividir para governar" foi correta e efetivamente implementado. Hoje há novas razões de regozijo, específicas de nossa época, condicionadas que são pelo novo caráter do cenário do poder global. Os poderes globais usam agora uma estratégia de distância e não engajamento, tornada possível pela velocidade com que conseguem movimentar-se, fugindo sem esforço nem alarde do controle das autoridades locais, escapando facilmente até das redes mais densas, deixando às tribos nativas em guerra a tarefa ingrata de buscar uma trégua, curar as feridas e limpar o entulho.

A facilidade de movimento da elite no "espaço dos fluxos" planetário (como Manuel Castells define o mundo no qual se insere a elite global) depende em grande medida da incapacidade ou falta de disposição dos "nativos" (ou pessoas fixadas, por contraste, a um "espaço de localidades") para agir solidariamente. Quanto mais discordantes são suas relações e mais dispersos os nativos, mais numerosas e mais fracas suas facções em guerra, maior a paixão que investem em enfrentar seus também frágeis oponentes das vizinhanças, menor é a chance de que cheguem a se unir e a juntar forças. É ainda menos provável que venham a fazê-lo para evitar uma retaliação: outra fuga de capitais, extinção de postos de trabalho e aniquilação de seus modos de subsistência.

Ao contrário da opinião muitas vezes defendida, a ausência de grupos políticos capazes de contrabalançar o poder das forças econômicas mundiais não é apenas uma questão relacionada a seu desenvolvimento relativamente tardio; não tem a ver com o fato de as instituições políticas existentes ainda não terem encontrado tempo de se unir ou se submeter a um novo sistema global, democraticamente supervisionado, de restrições e contrapesos. Pelo contrário. Parece que fragmentar o espaço público, sobrecarregando-o de conflitos intercomunais, é a própria infraestrutura política exigida pela nova hierarquia de poder global para a prática da estratégia do não engajamento; e que os poderes globais situados no topo dessa hierarquia, alcançando o "espaço dos fluxos", irão cultivar, aberta ou secretamente, mas sempre de modo assíduo e atento, enquanto lhes for permitido, a desconexão da cena e a dessincronização das falas atribuídas ao elenco. Para que não haja coisa alguma com que se preocupar, os gerentes da ordem global precisam de uma abundância inexaurível de inquietação local.

Em minha citação de Rorty, deixei de mencionar sua alusão ao "debate sobre costumes sexuais" como outro fator – juntamente com "hostilidades étnicas e religiosas" – responsável pelo fato de os "super-ricos" terem pouco a temer. Essa era uma alusão à "esquerda cultural", que, apesar de todos os seus méritos em combater a animosidade com tinturas sádicas em relação à ruptura dos modelos culturais (tão comum na sociedade americana), é, na opinião de Rorty, culpada por deletar da lista das preocupações públicas a pobreza material, fonte mais profunda de todas as formas de desigualdade e injustiça. O pecado da "esquerda cultural", afirma Rorty, é situar a deficiência material no mesmo plano que a acusação mútua acerca dos desvios, umas das outras, de diferentes facções das minorias desprivilegiadas, assim como sua inclinação a ver as diferenças de estilo de vida como um exemplo disso.

Rorty censura a "esquerda cultural" americana por tratar todos os aspectos da desigualdade como se fossem uma questão de diferença cultural e, em última análise, como sintomas e consequências das diferenças em termos de escolhas humanas protegidas, afinal, pelos direitos humanos e pela demanda ética de tolerância; por sua aceitação de toda diversidade como igualmente louvável e digna de proteção em virtude da diferença em relação às outras; e também pelo fato de que todo debate acerca dos méritos da diferença, embora sério, honesto e mutuamente respeitoso, deve, segundo a esquerda cultural, ser evitado e até proibido se o alvo for conciliar as diversidades vigentes a fim de que os padrões da vida cotidiana se elevem a um plano superior (e implicitamente melhor).

Jonathan Friedman chamou os intelectuais que professam opiniões semelhantes àquelas criticadas por Rorty de "modernistas sem modernismo"; eles se mantêm fiéis à venerável tradição moderna, entusiastas declarados da transgressão do status quo e da reforma das realidades presentes; mas não demonstram a mesma fidelidade aos princípios do modernismo, não têm um objetivo para cuja conquista essas transgressões ou reformas poderiam (ou deveriam) contribuir; e eliminam por antecipação qualquer consideração dessa natureza.

Em suas consequências práticas, a filosofia do "multiculturalismo", tão em voga entre os "modernistas sem modernismo", refuta seu próprio valor teoricamente promulgado de coexistência harmoniosa de culturas. De modo consciente ou involuntário, de propósito ou por negligência, essa filosofia apoia tendências separatistas e, portanto, antagônicas, tornando assim ainda mais difícil qualquer tentativa de estabelecer seriamente um diálogo multicultural – a única atividade que poderia reduzir ou superar de todo a fragilidade atualmente crônica dos poderes convocados a concretizar a mudança social.

A popularidade das atitudes criticadas por Rorty ou Friedman não surpreende. Era de se esperar a difusão dessas posições, dada a tendência dos membros da elite intelectual contemporânea de rejeitar seu papel de educadores, líderes e professores – papel que lhes foi atribuído e que deles se esperava na era da construção nacional – em favor de outro: o de rivalizar com a facção empresarial da elite global quanto à estratégia de secessão, de distanciamento e de não engajamento. Hoje, a ampla maioria dos intelectuais deseja e procura "mais espaço" para si mesma. O engajamento nos assuntos dos "outros", em oposição a um conformismo indiferente à sua existência, reduziria esse espaço, em vez de ampliá-lo. Significaria um compromisso com obrigações desagradáveis e trabalhosas, uma limitação da liberdade de movimento e a exposição dos interesses próprios aos caprichos do destino – seria, portanto, um passo imprudente e profundamente indesejável para todos os envolvidos.

A nova indiferença à diferença apresenta-se, em teoria, como uma aprovação do "pluralismo cultural". A prática política constituída e apoiada por essa teoria é definida pelo termo "multiculturalismo". Ela é aparentemente inspirada pelo postulado da tolerância liberal e do apoio aos direitos das comunidades à independência e à aceitação pública das identidades que escolheram (ou herdaram). Na realidade, contudo, o multiculturalismo age como uma força socialmente conservadora. Seu empreendimento é a transformação da desigualdade social, fenômeno cuja aprovação geral é altamente improvável, sob o disfarce da "diversidade cultural", ou seja, um fenômeno merecedor do respeito universal e do cultivo cuidadoso. Com esse artifício linguístico, a feiura moral da pobreza se transforma magicamente, como que pelo toque de uma varinha de condão, no apelo estético da diversidade cultural. O fato de toda luta por reconhecimento estar destinada ao fracasso se não for apoiada pela prática da redistribuição se perde de vista nesse percurso, assim como os clamores por respeito às diferenças culturais trazem pouco conforto a muitas comunidades desprovidas do poder de independência em virtude de sua desvantagem, fadadas a ter suas "próprias" escolhas feitas por outras forças, mais substanciais.

Alain Touraine propôs que a noção de "multiculturalismo", nascida do respeito pela irrestrita liberdade de escolha entre a riqueza das ofertas culturais, deveria ser distinguida de algo fundamentalmente (se não diretamente, ao menos em sua consequência) diverso: um projeto cuja melhor denominação seria "multicomunitarismo".[5] Se a primeira noção presume o respeito ao direito de um indivíduo escolher seu modo de vida e os pontos de referência para sua lealdade, a outra noção, por contraste, presume que a lealdade de um indivíduo é uma questão respondida de antemão pelo irrefutável pertencimento a uma comunidade de origem – fato que torna inútil a negociação dos valores existenciais e dos estilos de vida. A mistura dessas duas tendências no credo do multiculturalismo é equivocada e potencialmente prejudicial à coexistência e à colaboração humanas como algo comunal.

Enquanto continuar a confusão entre essas duas noções, a ideia de "multiculturalismo" virou marionete de uma globalização "negativa", selvagem, descontrolada. Graças a ela, as forças globais podem disfarçar as consequências destrutivas de suas ações aumentando as desigualdades intra e intersociais. O costume antes comum (abertamente arrogante e desdenhoso em relação aos não privilegiados) de explicar as privações sociais pela inferioridade inata da raça em situação de desvantagem foi substituído por uma interpretação "politicamente correta". Esta consiste em apresentar a desigualdade das condições de existência como resultado de uma multiplicidade de escolhas em termos de estilos de vida, direito incontestável de toda comunidade. O novo culturalismo, tal como o racismo que o precedeu, busca minar a consciência moral e aceitar a desigualdade humana encarando-a como um fato que ultrapassa nossa capacidade de intervenção (no caso do racismo), ou como uma condição na qual não se deveria interferir, em deferência a seus veneráveis valores culturais.

Acrescentemos aqui que havia certa semelhança entre a interpretação racista da desigualdade e o típico projeto moderno de uma "ordem social perfeita". A criação da ordem é, por sua própria natureza, uma atividade seletiva; portanto, seria preciso aceitar que as "raças inferiores", incapazes de atingir padrões humanos adequados, não encontrariam lugar numa ordem quase perfeita. O aparecimento e a popularidade da nova interpretação "cultural" se vinculam, por outro lado, ao abandono da busca moderna de uma "sociedade perfeita". Na ausência de qualquer expectativa de revisão fundamental da ordem social, está claro que todo grupo humano é obrigado a encontrar por si mesmo seu próprio lugar nas estruturas líquidas da realidade, e aguentar as consequências de sua escolha. A interpretação "cultural", tal como sua predecessora, suporta em silêncio o fato de que a desigualdade social é um fenômeno amplamente autoinduzido; e a representação das múltiplas divisões sociais nascidas da desigualdade como produto inevitável do livre-arbítrio, e não como uma incômoda barreira, é um dos principais fatores de sua consolidação.

O "multiculturalismo" é hoje a resposta mais frequente das classes instruídas, influentes e politicamente importantes quando se pergunta que valores cultivar e que direção seguir em nossa era de incerteza. Essa resposta é elevada ao status de cânone da "correção política" e, além disso, se transforma num axioma que não exige fundamentação nem prova; ela torna-se os prolegômenos peculiares a todas as outras considerações a respeito de escolhas da linha política, uma doxa fundamental, ou seja, o conhecimento que nos ajuda a pensar, mas que raramente se torna objeto de nossos pensamentos.

No caso das classes instruídas (a variante ou mutação atual dos intelectuais modernos), ver o multiculturalismo como solução para os problemas que afligem o mundo das diásporas sinaliza uma atitude que se pode resumir desta forma: "Desculpe, mas não podemos tirá-lo do pântano em que você se meteu." É verdade que reina o caos no mundo dos valores, tal como nos debates sobre o significado ou as formas corretas de coexistência humana; mas você deve desatar ou cortar esse nó górdio por si mesmo, usando suas próprias habilidades e assumindo sua própria responsabilidade, e terá somente a si mesmo para culpar caso o resultado não saia a contento. É verdade que, com a cacofonia reinante, nenhuma melodia pode ser cantada em uníssono. Se você não sabe que melodia vale mais que todas as outras, nem como descobrir isso, não lhe resta outra opção a não ser cantar aquela de sua própria escolha, ou, se puder, compô-la você mesmo. A cacofonia já é ensurdecedora o bastante para que isso possa piorá-la. Uma melodia a mais não fará a menor diferença.

Russell Jacoby deu o título de *The End of Utopia* à sua aguda análise sobre o caráter vazio da profissão de fé "multicultural".[6] Esse título contém uma mensagem: as classes instruídas contemporâneas têm pouco ou nada a dizer sobre a forma desejável da condição humana. Por essa razão, buscam refúgio no multiculturalismo, essa "ideologia do fim da ideologia".

Enfrentar o status quo exige coragem, considerando-se o enorme poder das forças que o sustentam; coragem, porém, é uma qualidade que os intelectuais, antes conhecidos por sua bravura ou por seu destemor simplesmente heroico, perderam nas suas empreitadas em busca de novos papéis e novos "nichos" como especialistas, gurus acadêmicos e celebridades midiáticas. É tentador ver essa versão moderna de *la trahison des clercs* como explicação suficiente para o enigma da súbita renúncia das classes instruídas à responsabilidade conjunta e ao envolvimento ativo nos assuntos humanos.

Mas devemos resistir a essa tentação. Ocultas por trás da indiferença a todos os assuntos que não os interesses empresariais ou de classe estão razões mais importantes que a covardia real ou presumida da elite instruída, ou do que sua crescente preferência pela conveniência pessoal. As classes instruídas jamais estiveram (e não estão) sós nesse delito. Elas empreenderam sua jornada em direção ao ponto em que se encontram agora com um acompanhante substancial: as crescentes forças econômicas extraterritoriais. Tudo isso em meio a sociedades que, com abundância cada vez maior e de modo crescentemente unilateral, engajam seus membros no papel de consumidores de bens (mais preocupados com o tamanho de seu próprio pedaço de pão que com o tamanho do pão inteiro) e não no de produtores responsáveis pela quantidade ou qualidade desses bens; e num mundo rapidamente individualizado, que obriga os indivíduos a encontrar suas próprias maneiras de enfrentar problemas socialmente criados. Foi nessa jornada que os descendentes dos intelectuais modernos passaram por uma transformação não muito diversa daquela que ocorreu com seus demais companheiros de viagem.

· 4 ·

A cultura num mundo de diásporas

As modernas "classes instruídas" (intelectuais *avant la lettre*, já que o conceito de "intelectuais", categoria unida pela vocação comum de articular, ensinar e defender valores nacionais, só se formou depois do início do século XX) constituíram desde o começo uma categoria de pessoas dotadas de uma missão. Essa missão foi formulada de maneiras diferentes, porém, em termos mais gerais, a vocação que lhes foi atribuída na época do Iluminismo e por eles sustentada desde então foi um papel ativo, talvez meramente auxiliar, embora decisivo, de "voltar a enraizar" o que fora "desarraigado" (ou, na terminologia agora adotada pelos sociólogos, na renovada "inclusão" do que fora "excluído"). Essa missão consistia em duas tarefas.

A primeira delas, formulada pelos filósofos iluministas numa época em que a desintegração e a atrofia inevitáveis do *ancien régime* (a "velha ordem", mais tarde denominada "prémoderna"), consistia em "esclarecer" ou "cultivar" "o povo". A meta era transformar as entidades desorientadas, desalentadas e perdidas – brutalmente arrancadas de sua monótona rotina de vida comunal pela essencial e inesperada, e não planejada ou prevista, transformação modernizante – em membros de uma nação moderna e cidadãos de um Estado moderno. A meta do esclarecimento e da cultura era nada menos que a criação de um "novo homem", equipado com outros pontos de referência e padrões flexíveis, adaptáveis, em lugar das regras eternas até então impostas pelas comunidades tradicionais, do berço ao túmulo, que, na aurora da era moderna, foram perdendo de modo gradual mas implacável seu valor pragmático ou caindo em desuso num ritmo acelerado.

Segundo os pioneiros do Iluminismo, nas novas condições, essas regras eternas, entranhadas na tradição, se tornavam um obstáculo, e não um auxílio. Não importa que sob outras condições, que agora vão ficando no passado, tenham ajudado as pessoas a viver numa sociedade espontaneamente criada, porém resistente à mudança, além de atrofiada e corroída. Agora essas regras se transformavam em "superstições" e "histórias da carochinha", tornando-se um fardo e o principal empecilho na roda para o progresso e a plena realização do potencial humano. Assim, era necessário acima de tudo liberar as pessoas da opressão das superstições e das velhas crenças, para que fosse possível, por meio da educação e da reforma social, moldá-las de acordo com os ditames da Razão e de condições sociais racionalmente planejadas.

"A educação é capaz de tudo", disse Helvécio com arrogância, enquanto Holbach acrescentava, precipitadamente, que uma política esclarecida permitiria que todo cidadão usufruísse de um status social a ele concedido por direito de nascença. Numa sociedade bem-organizada, insistia este último, toda classe, de reis a camponeses, desfrutaria de seu tipo próprio e específico de felicidade. Essas declarações filosóficas bastante genéricas receberam um formato mais prático dos legisladores da Revolução Francesa, que apresentaram a propagação e a implementação da disciplina como principal tarefa dos educadores. Eles pretendiam que um regime igual para todos definiria a condição do cidadão em seus detalhes, e que a supervisão vigilante, permanente e contínua de educadores garantiria o cumprimento das obrigações surgidas desse regime.[1]

O papel dos educadores era a "cultura", no sentido original de cultivo, tomado de empréstimo à agricultura – compartilhado pela noção francesa de *culture* e pelos termos, simultaneamente cunhados, *Bildung* na Alemanha e *refinement* na Inglaterra, que, embora distintos em termos de proveniência metafórica, captavam a intenção essencial de maneira semelhante. Como concluiu Philippe Bénéton a partir de um estudo exaustivo dos comentários que acompanharam a implementação no cotidiano de termos recentemente cunhados,[2] na origem, a ideia de "cultura" foi tipificada pelas seguintes características: o otimismo, ou seja, a crença de que o potencial de mudança na natureza humana é ilimitado; o universalismo, ou o pressuposto de que o ideal da natureza humana e o potencial para atender suas exigências são os mesmos para todas as nações, lugares e épocas; e finalmente o eurocentrismo, a convicção de que esse ideal foi descoberto na Europa e lá definido por legisladores em instituições políticas e sociais, e segundo modos e modelos da vida individual e comunal. Em essência, cultura foi identificada com a europeização, não importa o que isso pudesse significar.

A segunda tarefa atribuída às classes instruídas, intimamente ligada à primeira, consistiu numa importante contribuição ao desafio assumido pelos legisladores: planejar e construir novas e sólidas estruturas que determinariam um novo ritmo de vida e dariam forma à massa momentaneamente "amorfa", já liberta dos grilhões da tradição, mas ainda não acostumada à nova rotina e ao novo regime disciplinar; em outras palavras, introduzir uma "ordem social" ou, mais precisamente, "colocar a sociedade em ordem".

Tal como a primeira, a segunda tarefa surgiu do principal empreendimento da revolução moderna, a construção simultânea do Estado e da nação; a substituição de um agregado relativamente frouxo de comunidades locais, com dialetos, tradições e calendários variados, por uma totalidade nova, integrada e estritamente amalgamada – a "sociedade imaginada" de um Estado-nação. As duas tarefas dependiam da combinação de todos os poderes do novo Estado-nação, econômicos, políticos e também espirituais, no esforço de remodelar corporal e espiritualmente o homem – o principal objetivo e o principal objeto da transformação em curso. A construção de uma nação moderna dependia da substituição de antigas obrigações em relação à paróquia, ao bairro ou à guilda por novos deveres cívicos em relação a uma entidade abstrata, independente da experiência direta, e às regras por ela estabelecidas e vigorosamente defendidas pela ameaça ou pela força.

A implementação e a supervisão das novas tarefas, ao contrário das antigas, agora consideradas ultrapassadas, não poderiam ficar à mercê do mecanismo de reprodução espontâneo e até certo ponto instintivo e autopropulsor; precisavam ser planejadas com cuidado e precisão, ser postas em operação pelo processo organizado de educação das massas, com um programa uniforme para todos os cidadãos. A construção e a gerência da ordem moderna exigiam pessoas para administrar, supervisionar e instruir. A era da construção do Estado e da nação demandava o engajamento mútuo, cotidiano e direto entre administradores e administrados.

Hoje, para variar, entramos na era do não engajamento. O modelo pan-óptico de dominação, com sua principal estratégia de vigilância, monitorando e corrigindo com precisão o autogoverno de seus subordinados, é rapidamente desmantelado na Europa e em muitas outras partes do mundo contemporâneo. Ele dá lugar à supervisão e ao autocontrole pelos próprios objetos da dominação – método que se mostra tão eficaz em alcançar um governo apropriado ("que funcione sistematicamente") quanto os sistemas de dominação agora abandonados e marginalizados, e também muito menos custoso. As colunas em marcha dão lugar aos enxames.

Os enxames, ao contrário das colunas em marcha, não exigem sargentos ou cabos; encontram infalivelmente seu caminho sem a interferência desagradável dos escalões superiores com suas ordens do dia. Ninguém lidera os enxames para os campos floridos; ninguém precisa manter os membros do enxame sob controle, pregar para eles, tocá-los adiante pela força, com ameaças ou forçando-os no caminho. Quem quiser conservar um enxame de abelhas no curso desejável se dará melhor cuidando das flores no campo, não adestrando cada abelha.

A "ideologia do fim da ideologia" dos multiculturalistas, mencionada no Capítulo 3, pode ser mais bem interpretada como expressão dos propósitos e disposições dos círculos descritos como "criadores de cultura", em relação às condições humanas "ao estilo enxame", moldadas sob a influência gêmea da dominação pelo não engajamento e da regulação pela tentação. O "multiculturalismo", como já observamos, é uma forma de adequar o lugar, o papel e as tarefas das classes instruídas ("criadoras de cultura", presumir-se-ia, por vocação, mas na prática por atribuição) a essas novas realidades.

Trata-se de um manifesto de adaptação à realidade: estamos sucumbindo às novas realidades, sem questioná-las nem solapá-las, deixemos que as coisas (as pessoas, suas escolhas e seus destinos resultantes dessas escolhas) "sigam seu próprio curso". É também a imagem especular de um mundo em que o não engajamento e a distância se tornaram a principal estratégia do poder, e em que as normas regulatórias e os modelos unificadores foram substituídos por uma pletora de escolhas e um excesso de opções. Enquanto não se questionam essas realidades, e elas forem aceitas como a única opção inevitável, talvez seja possível torná-las suportáveis, embora apenas transformando-as no modelo de nosso próprio modo de vida.

Na nova visão de mundo dos criadores de opinião e de cultura, assim como daqueles que aceitam e propagam essas opiniões e propostas culturais, a sociedade (invisível, exceto na imaginação) se apresenta na forma de Deus tal como era visto no fim da Idade Média pela ordem dos franciscanos (em especial por uma de suas facções, os *fraticelli* ou "irmãos pequenos") ou pelos nominalistas (em particular Guilherme de Ockham). Segundo Michael Allen Gillespie, esse Deus nominalista-franciscano era "caprichoso, assustador em Seu poder, incognoscível, imprevisível, livre pela própria natureza e indiferente ao bem e ao mal".[3] Acima de tudo, permanecia obstinadamente além do alcance da compreensão e da ação prática humanas. Todo esforço para exercer pressão sobre Deus estava fadado ao fracasso. Como as tentativas de coagir Deus a ouvir os lamentos humanos não apenas se mostraram fúteis, mas eram prova da arrogância humana, blasfema e, portanto, perversa e pecadora, elas se tornaram incompreensíveis e desprezíveis.

Como mais tarde observaria Leszek Kolakowski, Deus nada devia à raça humana. Tendo criado o Homem e o feito andar sobre os dois pés, Deus o mandou achar o seu próprio caminho e segui-lo; assim, Ele realizou Sua intenção e Seu dever, e agora podia distanciar-se da minuciosa supervisão cotidiana dos assuntos humanos. Giovanni Pico della Mirandola, codificador das audaciosas ambições do Renascimento, ao falar da dignidade do homem, extraiu as únicas conclusões a que podia chegar, de forma sensata, partindo do fato de Deus se haver afastado do gerenciamento da vida diária do homem e da supervisão de seus assuntos. Deus, dizia Mirandola, fez do Homem

> uma criatura de natureza indeterminada, e, ao colocá-lo no meio do Universo, disse-lhe isso: "Nem um lugar estabelecido, nem uma forma pertencente unicamente a ti, nem uma função especial Nós demos a ti, ó Adão, e por essa razão tu podes ter e possuir, segundo teu desejo e julgamento, qualquer lugar, qualquer forma e qualquer função que desejares. ... Tu, que não és confinado por nenhum limite, deves determinar para ti a tua própria natureza."[4]

Em nossa época, foi a vez de a sociedade (esse misterioso e incognoscível "ser imaginado" que, por decreto do espírito moderno, deveria substituir Deus em Suas funções de administrador e supervisor dos assuntos humanos) concordar que o homem fora equipado com ferramentas pessoais suficientes para enfrentar os desafios da vida e administrá-la sozinho – e logo desistir de impor as escolhas e administrar as ações humanas.

Peter Drucker, o Guilherme de Ockham e o Pico della Mirandola da era "líquido-moderna" do capitalismo, sintetizou os princípios da nova época com um breve mas enfático *bon mot*: "Não existe mais salvação pela sociedade."

Cada indivíduo deve garantir que, tendo dado a seu argumento um formato coerente "com seu próprio desejo e avaliação", pode provar seu valor e defendê-lo dos proponentes de outros argumentos. Não faz sentido submeter-se à avaliação da sociedade (a última das grandes autoridades que o ouvido moderno ainda se dispõe a ouvir com reverência) em busca de apoio para suas próprias escolhas, feitas sob sua própria responsabilidade. Em primeiro lugar, não são muitos os que confiariam em tais avaliações, considerando-se que a veracidade desse tipo de julgamento – se emitido, se houver alguém para emiti-lo –, por definição, é desconhecida e assim deve continuar, já que as pessoas consideram os julgamentos feitos por Deus, pela Sociedade ou pelo Destino algo que aprendem ex post facto. Em segundo lugar, o que sabemos sobre a opinião popular, ou seja, as avaliações mais próximas às da "sociedade", é que ela nunca permanece verdadeiramente popular por muito tempo, não se sabendo qual opinião – ou opiniões – a terá substituído no momento seguinte. Em terceiro lugar (e talvez mais importante), a sociedade, como o Deus do fim da Idade Média, está cada vez mais claramente (na experiência popular, se não aos olhos dos teólogos seculares) "indiferente ao bem e ao mal".

Só quando aceitamos que tudo isso de fato aconteceu com a sociedade (ou que essa sempre foi a natureza da sociedade desde tempos imemoriais, que acabou de ser, tardiamente, descoberta e revelada) é que os postulados do "multiculturalismo" começam a fazer sentido. Já que a "sociedade" não tem outra preferência senão deixar as pessoas – individualmente ou em parceria – criarem suas próprias preferências, não há mais oportunidade de recorrer a um tribunal para confirmar a autoridade ou o poder impositivo da escolha feita por uma pessoa; em todo caso, é impossível estabelecer que uma preferência é melhor que outra.

Fred Constant, comentando o apelo formulado por Charles Taylor pelo reconhecimento e respeito às diferenças interculturais escolhidas por comunidades diversas, observou que isso implicava não uma, mas duas premissas: que as pessoas têm o direito de ser diversas e também o direito de ser indiferentes à diversidade dos outros;[5] o direito de ser diferente e o direito de ser indiferente à diferença. Mas observemos que, enquanto o direito à diferença é garantido aos outros, o direito à indiferença (leia-se evitar fazer julgamentos e agir de acordo com isso) é amplamente usurpado pelas mesmas pessoas que dão esse direito às outras. Quando a tolerância mútua se combina com a indiferença mútua, comunidades culturais podem viver na maior proximidade, mas raras vezes falam uma com a outra; se o fizerem, não será pelo telefone, mas pela via do cano de uma arma, já que qualquer admoestação em voz alta, nessas condições, é uma evidência de violação do acordo e uma ameaça de desafio ao status quo. Um mundo "multicultural" permite que culturas coexistam, mas a política do "multiculturalismo" não torna mais fácil (na verdade, é possível que torne mais difícil) para essas culturas obter benefícios e prazer com a coexistência.

Constant pergunta se o pluralismo cultural tem valor por si mesmo ou se extrai seu valor do pressuposto (e da esperança) de que possa melhorar a qualidade da existência compartilhada por diferentes culturas. Não fica claro, sem maiores explicações, qual das duas constitui a proposta do multiculturalismo. Uma escolha inteligente exigiria, em primeiro lugar, uma definição mais profunda da noção de "direito à diferença" – noção que de modo algum pode ser considerada inequívoca e que convida pelo menos a duas interpretações, cada qual com consequências diametralmente opostas para nossa análise.

Uma das interpretações supõe, por assim dizer, a solidariedade teleológica dos exploradores: enquanto todos nós, sozinhos ou em conjunto, estivermos engajados na busca da melhor forma de coexistência humana e desejarmos todos nos beneficiar de nossas descobertas – mesmo que sigamos rotas diferentes, encontremos possibilidades diversas no caminho e retornemos da expedição com experiências distintas, e, portanto, diferentes soluções –, não devemos considerar nenhuma delas inútil a priori, nem descartá-las apenas porque são diferentes da nossa solução, inevitavelmente preferível. A variedade das proposições não deveria nos causar embaraço; cada nova proposição que se acrescente a essa variedade deveria ser bem-vinda, já que reduz a ameaça de negligenciar uma oportunidade ou subestimar a verdadeira promessa de uma possibilidade.

Não devemos presumir que o valor de uma proposição depende de quem a formulou, com base na sua experiência, nem que temos o monopólio da descoberta da melhor solução. Isso não significa, deixemos bem claro, que devemos aceitar todas as proposições como igualmente válidas e dignas de escolha; de forma inevitável, algumas serão melhores que outras. Significa apenas que admitimos nossa inaptidão para dar opiniões absolutas ou formular sentenças definitivas. Concordamos que a utilidade e o valor verdadeiros de proposições concorrentes só podem ser estabelecidos no curso de um multidiálogo, no qual todas as vozes sejam admitidas e em que todas as comparações e justaposições possíveis sejam feitas de boa-fé e com boas intenções. Em outras palavras, o reconhecimento da diferença cultural, para a finalidade deste argumento, é o início, e não o fim da questão; o ponto de partida de um longo processo político cuja conclusão não é fácil, mas que talvez seja útil, benéfico até, para todos os envolvidos – portanto, um processo que vale a pena empreender.

Esse processo político, expresso num multidiálogo de parceiros iguais que miram uma posição de acordo e, mais a longo prazo, comum, seria completa perda de tempo, uma receita para a frustração, se os condutores do debate presumissem por antecipação, e, em suas mentes, de forma irrevogável a superioridade de uma proposição sobre as demais. Porém, o processo também chegaria a um beco sem saída antes mesmo de começar, sem progresso algum além de uma declaração explícita de fé, caso se baseasse na interpretação alternativa da diferença cultural; ou seja, se os participantes presumissem (como o fazem os entusiastas do "multiculturalismo" em sua versão contemporânea mais popular, quer aberta, quer tacitamente) que cada diferença existente merece sobreviver e florescer simplesmente em razão de sua diferença...

Charles Taylor corretamente rejeita essa última interpretação, assinalando que "o verdadeiro respeito à igualdade exige algo além do pressuposto de que novos estudos nos farão ver as coisas dessa maneira; ele impõe avaliações verdadeiras, de igual valor, aplicadas aos costumes e criações dessas diferentes culturas. Assim, a demanda por igual reconhecimento é inaceitável". A questão dos valores relativos das escolhas culturais, insiste Taylor, deveria ser submetida a outras investigações: "A última coisa que se espera nesse estágio de intelectuais eurocêntricos é uma avaliação positiva de valores culturais que ainda não foram profundamente esmiuçados."[6]

O reconhecimento de valores, ou sua negação, é tarefa para pesquisadores e, intrinsecamente, uma prerrogativa (ao mesmo tempo que um dever) de intelectuais ou pessoas de saber, diz Taylor. E, considerando-se a natureza do procedimento acadêmico, a expectativa de uma avaliação madura e responsável, sem a elaboração e a *imaginação* prévias de um "projeto de pesquisa" profundo, *sine ira et studio* – sem emoções excessivas –, em qualquer dos casos, seria estranho e ilusório. "Depois de pesquisarmos o assunto encontraremos algo altamente valoroso numa dada cultura, ou não encontraremos." Mas são os ocupantes das cadeiras universitárias e das salas de seminários que têm o direito, segundo a convicção de Taylor, de decidir sobre a competência da pesquisa e a interpretação de seus resultados. Taylor reprova os intelectuais "multiculturalmente" orientados por traírem sua vocação acadêmica. Nada menciona, contudo, sobre deixarem de cumprir seu dever como cidadãos de uma sociedade politicamente organizada – nem exige que assumam esse dever, ou que o cumpram com mais zelo do que até agora têm feito.

Quando se evidencia para nós, continua Taylor, que certa cultura é inerentemente valiosa e, como tal, merece sobreviver, não podemos mais duvidar de que a diferença que a caracteriza deveria ser preservada para a posteridade, a despeito dos desejos de uma comunidade cultural ou da maioria de seus membros; deveríamos nos esforçar para limitar o direito de os membros nominais da comunidade exercerem escolhas que prejudicariam a sobrevivência dessas diferenças – ou mesmo negar de vez esse direito. Quebec (de modo algum um caso exótico ou misterioso, mas que tem sido profundamente examinado e é popularmente conhecido), cidade cujas autoridades obrigam todos os habitantes das províncias, incluindo os de língua inglesa, a enviar os filhos a escolas francófonas, é vista por Taylor como exemplo do lado que se deve ocupar e da ação que se deve empreender em caso de conflito:

> Não é apenas uma questão de disponibilizar a língua francesa para os que querem escolhê-la. ... [T]ambém envolve assegurar que haja uma comunidade de pessoas aqui, no futuro, que desejará se beneficiar da oportunidade de usar a língua francesa. A política voltada para a sobrevivência busca ativamente criar membros da comunidade, assegurando, por exemplo, que as gerações futuras continuem a se identificar como francófonas.

Quebec é um exemplo "moderado" do conflito abordado por Taylor, conflito que até agora tem se travado sem banhos de sangue, prisões ou deportação; isso o torna bem mais fácil de usar em apoio a uma tese geral sobre o direito de uma comunidade utilizar a força com o objetivo de garantir o futuro de uma cultura preferida, com a concordância, ou apesar da discordância, das pessoas que são seus membros naquele momento. Quão mais difícil seria provar a verdade do princípio proposto citando outros casos de atrito entre entidades culturais, casos que, por contraste com a questão da língua francesa (ou, sem dúvida, qualquer outra língua), não cairiam nas boas graças de intelectuais eurocêntricos, na maioria multilíngues; em particular se, em outros casos, não linguísticos, eles estivessem presos às suas próprias preferências e debilidades, e confrontassem opções indesejadas e difíceis de admitir, das quais prefeririam manter distância e cuja avaliação poderiam adiar, ocultando-a por trás da incompletude do projeto de pesquisa ou da ausência de uma subvenção para realizá-la.

A generalização das conclusões referentes a Quebec também parece um empreendimento muito duvidoso se lembrarmos que a educação em língua francesa, compulsória nas escolas locais, constitui um fenômeno excepcionalmente inofensivo no interior de uma ampla categoria de casos de violência praticada por comunidades, em todos os cantos do mundo, em nome da preservação de seus membros atuais e da garantia de seus membros futuros. Casos muito mais dramáticos e por vezes trágicos em suas consequências que os debates sobre a língua empregada na educação nas escolas de Quebec – como a exigência da circuncisão feminina ou a proibição de mostrar o rosto em público.

O assunto sem dúvida é complicado, e nenhuma das soluções propostas está isenta de perigos. O "processo político" já mencionado deve ocorrer sob pressão a partir de duas exigências de conciliação difícil ou mesmo impossível: de um lado, cabe respeitar o direito de uma comunidade proteger seu modo de vida das pressões governamentais no sentido da assimilação ou atomização; de outro, o direito de autodefesa do indivíduo em relação a autoridades comunitárias que neguem seu direito de escolha ou o coajam a aceitar opções indesejadas ou repulsivas. É extremamente difícil respeitar os dois imperativos ao mesmo tempo, e diariamente nos confrontamos com a questão do que fazer quando ocorre um choque entre os direitos, dos dois lados, de proteger seus interesses. Qual dos dois imperativos inconciliáveis deve-se priorizar, qual deles deve-se sacrificar? Qual deles, se ambos têm o direito de difamar os postulados do outro?

Em resposta à interpretação do direito cultural à diferença promovido por Charles Taylor, Jürgen Habermas apresenta outro valor não mencionado pelo filósofo canadense, o "regime democrático constitucional".[7] Se concordamos que o reconhecimento das diferenças entre culturas é o ponto de partida correto para um debate racional sobre o compartilhamento dos valores humanos, devemos então concordar também que o "regime constitucional" é um arcabouço capaz de abrigar esse debate. Para vermos mais claramente o que Habermas tem em mente ao insistir nas prerrogativas de um "regime constitucional", vale a pena observar o conceito correlato de "república" ou invocar o conceito de "sociedade autônoma" tal como formulado por Cornelius Castoriadis – lembrando que uma sociedade autônoma é inconcebível sem a autonomia de seus membros, tal como uma república é inimaginável sem que os direitos dos cidadãos estejam profundamente desenvolvidos e sejam respeitados.

Esse lembrete, claro, não resolve o conflito entre os direitos da comunidade e os do indivíduo, mas ilumina o fato de que, sem as práticas democráticas de indivíduos livremente autodeterminados, é impossível enfrentar o conflito de maneira adequada, muito menos ter a esperança de resolvê-lo. Seria difícil provar que a defesa do indivíduo em relação às exigências de subordinação inconteste à comunidade é "obviamente" uma tarefa mais grandiosa, mais digna de louvor e apoio, que a da luta de uma comunidade para manter sua identidade distinta. Mas é óbvio que a defesa do cidadão de uma república contra a violência comunal e anticomunal é precondição básica e irrefutável de toda tentativa séria de realizar qualquer uma das duas tarefas. Como diz Habermas:

> Uma teoria dos direitos, corretamente compreendida, requer uma política de reconhecimento que proteja a integridade do indivíduo nos contextos da vida em que se forma sua identidade. ... Tudo que se exige é a efetivação coerente do sistema de direitos. Há pouca probabilidade de isso ocorrer, claro, sem movimentos sociais e lutas políticas. ... [O] processo de efetivar direitos está de fato implantado em contextos que exigem esses discursos como componentes

importantes da política – o debate sobre uma concepção comum do que seja uma forma de vida boa e desejada, capaz de ser reconhecida como autêntica.

Universalidade e respeito aos direitos reais dos cidadãos são as precondições para qualquer "política de reconhecimento" sensata. Vale acrescentar que a universalidade da espécie humana é o marco em relação ao qual se deve avaliar toda política de reconhecimento sensata. A universalidade da espécie humana não se opõe à pluralidade das formas de vida humanas. A pedra de toque de uma humanidade realmente universal é a capacidade de aceitar essa pluralidade e fazer dela uma força do bem, possibilitando, estimulando e mantendo uma "discussão permanente sobre uma concepção comum de bem-estar". Esse teste só pode ser superado com sucesso caso se atinjam as condições da vida republicana ou de uma "sociedade autônoma".

Como diz Jeffrey Weeks com muita adequação, o debate sobre valores comuns exige

> a melhoria das oportunidades de vida e a maximização da liberdade humana. Não existe um agente social privilegiado para atingir os objetivos, apenas a multiplicidade de lutas locais contra o fardo da história e as várias formas de dominação e subordinação. A contingência, não o determinismo, é a base de nosso complexo presente.[8]

A consciência da natureza imprevisível do destino e da incerteza das expectativas na luta pela comunidade humana certamente desencoraja os participantes dessa luta e restringe sua autoconfiança. Mas também pode mobilizá-los para um esforço ainda maior. Uma das possíveis respostas a essa incerteza é a ideologia do "fim de todas as ideologias" e a prática do não engajamento; outra reação ao estado de incerteza, igualmente plausível, porém mais promissora, é a convicção de que a busca de uma humanidade comum e os esforços práticos que ela exige nunca foram tão necessários ou urgentes quanto agora.

Fred Constant cita a opinião de Amin Maalouf, autor libanês que escreve em francês e se estabeleceu na França, sobre a reação das "minorias étnicas", ou seja, dos imigrantes, às pressões culturais conflitantes a que são submetidos no país em que foram viver. A conclusão de Maalouf é que, quanto mais os imigrantes perceberem que as tradições de sua cultura original são respeitadas no país de adoção, e quanto menos eles forem desprezados, rejeitados, amedrontados, discriminados e mantidos a distância em decorrência de sua identidade diferente, mais atraentes lhes vão parecer as opções culturais do novo país, e menor será o apego à distinção. As observações de Maalouf, afirma Constant, são de importância fundamental para o futuro do diálogo intercultural. Elas confirmam nossas suspeitas e conjecturas anteriores de que há uma correlação estrita entre a falta de ameaça percebida, por um lado, e o "desarmamento" do tema das diferenças culturais, por outro – isso em consequência da superação de impulsos no sentido da separação cultural e da concomitante disposição a participar da busca de uma humanidade comum.

O sentimento de ameaça e incerteza (tanto entre os imigrantes quanto na população nativa) tende a transformar o conceito de multiculturalismo no postulado de um "multicomunitarismo", como Alain Touraine assinalou. Por conseguinte, as diferenças culturais, sejam elas importantes ou triviais, patentes ou apenas perceptíveis, adquirem o status de materiais de construção para trincheiras e plataformas de foguete. "Cultura" vira sinônimo de fortaleza sitiada, e dos habitantes de uma fortaleza sitiada se espera que manifestem diariamente sua lealdade e cortem, ou pelo menos reduzam radicalmente, qualquer contato com o mundo exterior. A "defesa da comunidade" tem prioridade sobre qualquer outro dever. Compartilhar a mesa com "estranhos", frequentar lugares conhecidos como residência e domínio de forasteiros, para não falar de romances e casamentos com parceiros de fora dos limites da comunidade, tornam-se marcas de traição e justificativa para o ostracismo e o exílio. As comunidades que funcionam nessa base tornam-se, acima de tudo, os meios da maior reprodução de divisões e do aprofundamento da segmentação, do isolamento e da alienação.

O sentimento de segurança e a autoconfiança dele resultante, por outro lado, são os inimigos das comunidades com mentalidade de gueto e das barreiras de proteção por elas erguidas. O senso de segurança transforma o oceano terrivelmente poderoso que separa o "nós" do "eles" numa piscina atraente e convidativa. O precipício aterrorizante que dividia a comunidade de seus vizinhos dá lugar a uma suave planície que convida a frequentes caminhadas e passeios amenos. Não admira que qualquer sinal de dispersão do medo que aflige a comunidade em geral cause consternação entre os defensores do isolamento comunal; conscientemente ou não, eles têm interesse em que os mísseis inimigos permaneçam onde estão, nos canhões apontados para os muros que protegem a comunidade. Quanto maior o sentimento de ameaça e mais pronunciada a incerteza que ele causa, mais estritamente os defensores irão cerrar fileiras e manter suas posições, ao menos num futuro visível.

Um sentimento de segurança de ambos os lados da barricada é condição essencial para o diálogo entre culturas. Sem ele, a chance de que as comunidades se abram umas às outras e iniciem um intercâmbio, enriquecendo-se pelo reforço da dimensão humana de seus vínculos, é débil, para dizer o mínimo. Com ele, por outro lado, as expectativas para a humanidade são promissoras.

O que está em jogo aqui é a segurança num sentido muito mais amplo do que a maioria dos porta-vozes do "multiculturalismo" – em acordo tácito (ou talvez não intencional, até involuntário) com os advogados da separação intercomunal – está pronta a admitir. A redução da questão da incerteza geral aos riscos reais ou imaginários da segmentação cultural em dois campos é um erro perigoso, desviando a atenção das raízes da desconfiança e do desacordo mútuos.

Acima de tudo, as pessoas anseiam hoje por um sentimento de comunidade, na esperança (equivocada) de que ele lhes proporcione abrigo em relação à maré montante do torvelinho global. Essa maré, contudo, que até o maior quebra-mar comunitário é incapaz de deter, vem de lugares muito distantes, que nenhum poder local é capaz de vigiar, muito menos de controlar. Em segundo lugar, em nossa sociedade intensamente "individualizante" e "individualizada", a incerteza humana está enraizada numa brecha profunda entre a condição da "individualidade de direito" e as pressões para alcançar uma "individualidade de fato". Cercar comunidades com muros não vai ajudar a fechar essa brecha, e decerto tornará mais difícil para os membros da comunidade atravessar para o outro lado, para o status de indivíduo de fato, capaz de autodeterminação, e não apenas no papel.

Em vez de se concentrar nas causas e raízes da incerteza que aflige as pessoas hoje, o "multiculturalismo" desvia delas a atenção e a energia. Nenhum dos lados nas guerras em curso entre "eles e nós" pode ter seriamente a expectativa de que sua segurança, há tanto tempo perdida e tão ansiada, irá voltar após a vitória; em vez disso, quanto mais todos eles se ocupam conjuntamente do planejamento de futuros choques no campo de batalha multicultural, mais fáceis e rendosos se tornam como alvos das forças globais – as únicas capazes de lucrar com o fracasso da trabalhosa construção da comunidade humana e do controle humano conjunto de sua própria condição e das circunstâncias que a conformam.

· 5 ·

A cultura numa Europa em processo de unificação

A União Europeia não solapa as identidades dos países que nela se unem. Pelo contrário, é uma campeã da identidade. Mais que isso, é a melhor garantia de sua segurança, oferecendo a melhor probabilidade de sua sobrevivência e até de seu florescimento.

É a globalização que, ao corroer a soberania dos Estados-nação, está desintegrando os alicerces da independência territorial, antigo abrigo da identidade nacional e garantia de sua segurança durante os últimos duzentos anos. Ela teria fragmentado a soberania nacional com uma avidez cada vez maior, causando ainda mais fraturas, não fosse o sustentáculo de solidariedade encontrado na União Europeia.

A união intercepta e, tanto quanto possível, neutraliza o ferrão das poderosas pressões que atingem a Europa a partir do ciberespaço, ou seja, do "espaço dos fluxos", livre de restrições políticas. Dessa maneira, a união também salvaguarda as nações dos efeitos potencialmente destrutivos do longo e permanente processo (não resultante de sua própria iniciativa, e com sua participação relativamente menor e pouco entusiástica) de separar a trindade formada por nação, Estado e território, tão inseparáveis nos dois últimos centenários. É sob a pressão da globalização, e não dos editos emanados de Bruxelas, que o postulado e a predição formulados por Otto Bauer um século atrás agora se tornam realidade: as nações estão se transformando, de corpos territoriais coesos, em associações, cada vez mais transplantáveis e espacialmente dispersas de unidades aliadas do ponto de vista espiritual.

Tem-se revelado, simultaneamente, que as culturas nacionais podem passar muito bem sem a (nem tão santíssima, precisa-se dizer) trindade encarada como condição indispensável para sua sobrevivência durante o período inicial do processo moderno de construção nacional. De acordo com a memorável tese de Ernest Gellner, só alguns dos diversos grupos étnicos, religiosos e linguísticos que constituíam a Europa na aurora do século XIX tiveram chance de ascender ao status de nação; e de, na prática, redistribuir de maneira autoritária e impositiva os outros aspirantes ao status de nação como minorias étnicas, outros aspirantes à dignidade de uma língua nacional oficial como dialetos, e outros candidatos à posição de igreja nacional como seitas; no entanto, para assumir a vantagem da oportunidade, as nações *in spe* – em esperança – precisavam de seu próprio Estado soberano, detentor do poder.

A construção nacional tinha por meta a concretização do princípio de "Um país, uma nação", em última análise, o nivelamento das diferenças étnicas dos cidadãos. Da perspectiva de um Estado-nação culturalmente unido e unificado, a diversidade de línguas ou o mosaico de culturas e costumes no território sob sua jurisdição era apenas uma relíquia não totalmente erradicada de outros tempos.

Os processos civilizadores ou de esclarecimento dirigidos e gerenciados pelas autoridades dos países já unificados deveriam garantir que esses resquícios não perdurassem por muito tempo. A comunidade nacional deveria, afinal, desempenhar um papel-chave em legitimar a unificação política do Estado; e a invocação de raízes compartilhadas e de um espírito comum deveria ser a principal ferramenta na mobilização ideológica pela lealdade e a obediência patrióticas. Esses postulados colidiam com a realidade de um mosaico multicolorido de línguas (agora reclassificadas como dialetos ou jargões locais ou tribais, à espera de serem substituídos por uma língua-padrão da nação/Estado a ser utilizada por todos), tradições e costumes (agora reclassificados como manifestação de provincianismo, paroquialismo ou localismo aberrante, aguardando a substituição por uma versão única da história comum para todos e de um calendário também comum de rituais comemorativos nacionais).

Tudo que fosse "local" e "tribal" representava "atraso"; esclarecimento queria dizer progresso, e progresso, por sua vez, significava comprimir os modos de vida locais num modelo de cultura nacional comum a todos. Dentro das fronteiras de um Estado havia espaço apenas para uma língua, uma cultura, uma memória histórica e uma lealdade.

A prática da construção nacional tinha duas faces: a nacionalista e a liberal. A face nacionalista era séria e enérgica – em geral severa, dificilmente gentil. O nacionalismo em geral era combativo, por vezes cruel – em especial quando encontrava pessoas que desejavam manter seus hábitos e eram refratárias ao modelo de "uma nação". O nacionalismo pretendia persuadir e converter, mas se a persuasão ou o doutrinamento falhasse, se seus resultados demorassem a chegar, ele automaticamente recorria à violência. A defesa da autonomia étnica ou local era considerada afronta à lei, os líderes da resistência étnica eram rotulados de rebeldes ou terroristas, e eram presos ou assassinados, e o uso de "dialetos" em situações ou lugares públicos via-se punido como ato criminoso.

O plano nacionalista de nivelar as diferenças existentes e dissolvê-las num cadinho nacional em nome de uma forma que servisse para todos requeria o apoio das autoridades. Assim como o Estado moderno precisava das paixões nacionalistas para legitimar sua soberania e garantir a disciplina civil, também o nacionalismo exigia um Estado forte para assegurar o sucesso da campanha de unificação. A autoridade exigida pelo nacionalismo não teria rivais. Todas as alternativas (independentes do Estado) foram campos de cultura da rebelião. Comunidades autônomas, autossuficientes – étnicas ou territoriais – seriam propagadoras naturais de disposições rebeldes e refúgio para conspirações contra o Estado.

A face liberal era totalmente diferente da nacionalista. Era amigável e benevolente, exibia em geral um sorriso atraente. Via a coerção com desprezo, a crueldade com repulsa. Os liberais recusavam-se a forçar quem quer que fosse a agir contra a sua vontade e, acima de tudo, não permitiam que ninguém fizesse coisa alguma que repudiasse. Proibiam tanto as conversões forçadas quanto a prevenção, também pela força, da conversão quando esta não resultasse da livre opção do convertido. Assim, as comunidades étnicas e locais, mesmo de uma perspectiva liberal, pareciam sementes de revolta que precisavam ser suprimidas ou totalmente eliminadas, agora por sua tendência natural de impedir a autossuficiência e a autodefinição do indivíduo. O liberalismo acreditava que, privando da liberdade os inimigos da liberdade e recusando a tolerância aos inimigos da tolerância, emergiria das masmorras do provincianismo e da tradição uma essência comum a todas as pessoas. Então, nada impediria que todas as entidades humanas escolhessem por si mesmas, por sua própria e espontânea vontade, uma única e mesma lealdade, uma identidade.

As comunidades não viam diferença entre as faces nacionalista e liberal apresentadas pelos novos Estados-nação. Nacionalismo e liberalismo preferiam estratégias diferentes, mas miravam fins semelhantes. Em nenhum dos dois projetos havia espaço para comunidades, certamente não para as autônomas e capazes de se autogovernar. Não havia lugar para elas nem na visão nacionalista de "uma nação" nem no modelo liberal de uma república de cidadãos livres e não coagidos. Qualquer que fosse a face dos Estados-nação voltada para o futuro, tudo que ela podia ver era a queda iminente dos *pouvoirs intermédiaires*.

O projeto de construção nacional apresentou às minorias étnicas uma escolha brutal: assimilar-se ou perecer; renunciar de bom grado à sua identidade cultural distinta ou vê-la tomada pela força. As alternativas levavam ao mesmo resultado: rejeitar as diferenças culturais e ao mesmo tempo livrar-se daqueles que, por uma ou outra razão, não deixassem de ser diferentes. O propósito das pressões para a assimilação era privar os "outros" de sua "alteridade", torná-los indistinguíveis do resto da nação, submeter, digerir e dissolver sua diferença no amálgama uniforme da identidade nacional.

Assim, a estratégia de exclusão e/ou eliminação das partes aparentemente indigeríveis e indissolúveis da população tinha uma função dupla. Era usada, em primeiro lugar, como meio de separar física ou culturalmente grupos ou categorias consideradas exóticas, apegadas demais a seus próprios costumes ou resistentes demais à mudança para perder o estigma da alteridade. Em segundo lugar, era usada como estratégia de agitação; deveria despertar maior entusiasmo pela assimilação entre os indefinidos, incertos e indecisos, ou agir como estímulo no sentido de uma aceitação mais humilde de seu fado.

As comunidades ficaram sem o direito de escolher seu destino. A decisão sobre quem estava ou não pronto para a assimilação (ou quem não devia ter a permissão de se assimilar para não manchar a nação nem prejudicar a soberania do Estado nacional) ficou a cargo da maioria dominante – ou seja, da nação que governava o Estado. Dominar equivale a ter o direito e os meios de mudar de opinião à vontade – e, em consequência disso, de ser uma fonte de incerteza constante e incurável para os dominados. Sabia-se que as decisões dos que estavam no controle eram ambíguas e, mais que isso, imprevisíveis. Nessas circunstâncias, cada escolha entre aceitação da assimilação e rejeição categórica da oferta de se assimilar em nome de manter a própria cultura, qualquer que fosse o custo, apresentava muitos riscos para as minorias dominadas. Os fatores que constituíam toda a diferença para o sucesso ou o fracasso de suas intenções ou, mais precisamente, para que estas fossem oficialmente aprovadas ou rejeitadas permaneciam firmemente além de seu controle.

Os problemas que os dominados enfrentavam tornavam-se piores pelo fato de que, enquanto a exigência de assimilação se dirigia ao grupo minoritário como um todo, a responsabilidade pelo esforço de se assimilar era colocada inflexivelmente à porta do indivíduo. Essa dualidade permitia que as autoridades condenassem igualmente indivíduos que demonstravam solidariedade ao resto da comunidade que se esforçava por se assimilar e os que lhes viravam as costas. No primeiro caso, eles eram acusados de hipocrisia e de insinceridade na conversão; no segundo, de terem caráter ignóbil, de almejar um progresso pessoal à custa dos outros.

Os membros das minorias culturais, como disse Geoff Dench, "suspensos no espaço entre a promessa de integração total e o medo da ameaça perpétua de banimento", nunca podiam estar plenamente seguros quanto a se fazia algum sentido acreditar em si mesmos como mestres de seu próprio destino, ou se era melhor desistir da ideologia oficial e se juntar aos que sofriam a rejeição.

O sentimento de comunidade surge muito naturalmente nas pessoas nos períodos em que lhes é negado o direito de assimilação. Quando privadas de escolha, a opção que lhes resta é buscar refúgio na fraterna solidariedade familiar. O impulso "comunitário" das "minorias étnicas" não é "natural", mas imposto e conduzido de cima, pelo ato ou pela ameaça de privação. As minorias culturais são privadas do direito à autodeterminação; seus esforços por atingi-lo tornam-se fúteis. Todas as tendências remanescentes são resultado daquele primeiro ato original de privação; não surgiriam sem ele, nem sem a ameaça de experimentá-lo. A decisão das parcelas dominantes, de conter os dominados no interior do arcabouço de referência das "minorias étnicas", com base em sua falta de inclinação ou capacidade de romper com ele, tem todas as características de uma profecia autorrealizável.

Mais uma vez tomando de empréstimo as palavras de Dench, os valores da fraternidade são inevitavelmente antipáticos em relação ao voluntarismo e à liberdade individual. Eles não contêm nenhuma concepção sensata da natureza humana comum e da humanidade universal. Os únicos direitos humanos que estão prontos a reconhecer são os que se vinculam logicamente a obrigações relativas às comunidades que os oferecem.

Obrigações individuais não têm o caráter de um acordo mútuo assinado. A exclusão no atacado não ofereceu uma saída para as "minorias étnicas", de modo que a situação dos integrantes em relação às obrigações de suas comunidades se tornou igualmente desesperadora. Em ambos os níveis, a reação ao espectro do banimento é o "espírito de fortaleza sitiada", que desvaloriza ou simplesmente aniquila todas as opções, exceto uma: a submissão incondicional a uma causa comum. Não seria considerada traição apenas a recusa aberta de assumir o dever comunal, mas veredicto semelhante seria aplicado a qualquer sombra de falta de compromisso em relação ao bem comunal. Todo gesto de ceticismo, qualquer manifestação de dúvida quanto à sabedoria das práticas da comunidade iria sugerir o sopro de uma sinistra, corrupta e odiada "quinta coluna".

Aos olhos da comunidade, irmãos que não sejam suficientemente calorosos em suas manifestações de fraternidade – por falta de entusiasmo, indiferença, lentidão em agir – são encarados como "inimigos número um". As batalhas mais sangrentas começam e são travadas dentro dos baluartes da comunidade, não em suas trincheiras externas. A fraternidade como objetivo santifica o fratricídio como meio aceitável.

Quando há exclusão indiscriminada de uma comunidade, ninguém acha fácil sair de seus domínios; ricos e capazes, assim como pobres e desamparados, não têm para onde ir. Isso aumenta a imunidade das "minorias étnicas" e lhes dá maior chance de sobrevivência do que se pode garantir a outros grupos que não foram segregados do resto da sociedade. Estes últimos tendem a se dispersar, enfraquecer seus laços e perder sua identidade bem mais depressa, por causa do célere êxodo em massa das famílias de elite. Mas as minorias do primeiro tipo pagam por suas maiores chances de sobrevivência com maiores restrições à liberdade de seus integrantes.

Há muitas razões pelas quais a estratégia de construir uma nação e um Estado unificados se tornou hoje irrealista. Mais razões ainda se combinam para tornar a prática generalizada dessa estratégia menos urgente e menos utilizada pelos governos – além de simplesmente indesejável para o público. A "metarrazão" que determina todas as outras é a forma atual dos processos de globalização.

A "globalização" sustenta-se basicamente numa rede de dependências inter-humanas, ampliada a dimensões globais. A questão, contudo, é que esse processo não se faz acompanhar do aparecimento de uma gama equivalente de instituições de controle político capazes e eficientes, ou algo como uma cultura verdadeiramente global. A separação entre poder e política está estritamente ligada ao desenvolvimento desigual da economia, da política e da cultura. Enquanto o poder, encarnado na distribuição mundial de capital e informação, se torna extraterritorial (ou seja, externo a todos os lugares), as instituições políticas, como sempre, continuam locais. Isso leva inevitavelmente a uma fragilização irrefreável do Estado-nação.

Confrontados com meios inadequados de fechar sua contabilidade, ou de praticar uma política social independente, os governos ficam, de fato, com a estratégia única da chamada "desregulamentação": ceder o controle dos processos econômicos e culturais às "forças do mercado", que são essencialmente extraterritoriais, livres do controle político.

Afastar-se das regulações normativas que já foram marca registrada do Estado moderno significa que a mobilização cultural-ideológica dos sujeitos, antes um meio essencial pelo qual ele acumulava autoridade e poder, se tornou redundante – tão redundante quanto a expectativa das autoridades em relação ao dever cívico de seus cidadãos de prestar o serviço militar. Nem uma nem outra serve a algum propósito óbvio. As autoridades de Estado já não supervisionam, pelo menos independentemente, os processos de integração social ou de administração do sistema, tarefas para as quais a regulação normativa, o gerenciamento da cultura e a mobilização de sentimentos patrióticos eram indispensáveis no passado.

Hoje o Estado prefere (por vontade própria ou por falta de opção) deixar essas tarefas para forças sobre as quais não tem mais controle algum. Manter a ordem no território administrado é o único papel que ainda permanece nas mãos dos governos dos Estados; estes se afastam o quanto podem das outras funções que tradicionalmente exerciam, ou então as compartilham com outros poderes. A realização dessas funções só é parcialmente controlada, e não de forma independente, pelos poderes do Estado e por órgãos partidários.

Essa mudança despe o Estado de sua antiga posição de detentor supremo e, por pretensão e reivindicação, exclusivo dos poderes soberanos. As ambições nacionais que antes detinham posições-chave na soberania multidimensional dos Estados-nação hoje flutuam num vácuo institucional. Qualquer sentimento de segurança existencial balança em seus alicerces. Os laços de sangue e solo relembrados do passado perdem muito de sua antiga credibilidade nas novas condições. Como repete Jeffrey Weeks em outro contexto, quando as velhas narrativas de "pertencimento de berço" grupal (comunal) não parecem mais verossímeis, cresce em seu lugar a necessidade das "histórias de identidade", em que "dizemos a nós mesmos de onde viemos, quem somos agora, para onde vamos".[1]

Esses tipos de relato tornaram-se indispensáveis agora para restaurar um sentimento de segurança perdido, reconstruir a confiança desaparecida e, *summa summarium*, tornar "possíveis interações significativas com outras pessoas". "Como as antigas certezas e lealdades se desvaneceram, as pessoas precisam de novos pertencimentos." Entretanto, o problema das novas narrativas sobre a identidade, tão decisivamente diferentes dos antigos relatos sobre "a naturalidade do pertencimento" (naturalidade que costumava se confirmar diariamente pela aparente estabilidade de instituições arraigadas e poderosas), é que "a confiança e o compromisso têm de ser desenvolvidos em relacionamentos que ninguém declara permanentes, a menos que os indivíduos escolham fazê-los durar".

O vácuo normativo conjuntamente criado pela globalização e pelos processos de desregulamentação, sem dúvida, oferece maior liberdade às iniciativas e às ações individuais. Nenhuma das "histórias de identidade" atualmente contadas está, afinal, isenta de revisão; cada uma delas pode ser negada à vontade logo que (e por qualquer motivo) deixe de agradar ou prometa menos satisfação que a próxima. É fácil fazer experiências num vácuo normativo livre de obstáculos ocultos. O problema é que, não importa quão agradáveis sejam os resultados, eles não dão segurança, a menos que eles próprios se consolidem em normas. Sua expectativa de vida é tão curta quanto indefinida. E assim, aquela segurança existencial buscada com esses experimentos leva muito tempo para chegar.

Já que a única garantia de permanência dos vínculos humanos (entre eles, também os vínculos comunitários) é a decisão do indivíduo de que eles têm de permanecer, então essa decisão deve ser continuamente renovada e demonstrada mediante um fervor e um comprometimento indiminutos. Os laços escolhidos não vão durar se a vontade de mantê-los vivos não for protegida da ameaça de sedução por algo mais sólido que a mera satisfação, transitória pela própria natureza.

Essa não é uma notícia totalmente trágica, e pode até agradar aos corações de indivíduos empreendedores e capazes, que se baseiam em sua própria capacidade de nadar contra a maré e de manter o curso escolhido; e, em caso de falha, na possibilidade de uma opção diferente, mas não menos satisfatória. Tais indivíduos não nutrem o desejo de obter as garantias da segurança comunal e, considerando-se o preço de qualquer obrigação de longo prazo, também não têm muito entusiasmo por elas. É diferente para os indivíduos que não são saudáveis nem capazes. Para estes, a notícia de que a comunidade em que procuram abrigo e da qual esperam proteção tem alicerces mais sólidos que as inconstantes e mutáveis escolhas pessoais é exatamente aquilo que desejam ouvir. Os custos associados à condição de membro involuntário e para toda a vida, que nunca falha quando exigido, não parecem excessivos, considerando-se que o preço pago pelo direito de livre-arbítrio era – para os indivíduos fracos e sem espírito empreendedor – apenas uma ilusão do (e, pior ainda, a causa de um) insuportável complexo de inadequação e humilhação pública.

Por essas razões, como diz Jeffrey Weeks:

> É provável que o sentimento mais forte de comunidade se origine dos grupos que veem ameaçadas as premissas de sua existência coletiva e que constroem a partir disso uma comunidade de identidade que fornece um sólido sentido de resistência e empoderamento. Em aparência incapazes de controlar as relações sociais em que elas próprias estão envolvidas, as pessoas fazem com que o mundo encolha até chegar ao tamanho de suas comunidades, e atuam politicamente com base nisso. O resultado, com muita frequência, é um particularismo obsessivo como forma de assumir ou enfrentar a contingência.

Transformar a fraqueza individual (bastante real) no poder (ilusório) de uma comunidade leva à ideologia conservadora e à pragmática da exclusividade. O conservadorismo (uma "volta às raízes") e o exclusivismo ("eles" em conjunto são uma ameaça a todos "nós") são indispensáveis para que o verbo se faça carne, ou seja, para que a comunidade imaginada dê à luz uma rede de dependências que a tornará real, juntamente com seu poder; em outras palavras, são indispensáveis para que se transforme em verdade a famosa regra de W.I. Thomas, segundo a qual, "quando as pessoas definem situações como reais, estas se tornam reais em suas consequências".

Como já mencionamos, a Europa está se transformando diante de nossos olhos num mosaico de diásporas (ou mais pre-

A cultura numa Europa em processo de unificação · 79

cisamente num aglomerado de arquipélagos étnicos cruzados e sobrepostos). Na ausência de pressões nativas por assimilação, é possível salvaguardar a identidade nacional com tanta eficácia numa das ilhas da diáspora quanto na terra natal. Talvez até de modo mais eficaz, já que a identidade, como diria Martin Heidegger, passa em terras estrangeiras do domínio daquilo que é "dado" e óbvio, sem exigir cuidados ou manutenção especiais (*zuhanden*), para o domínio do que está "estabelecido", e que portanto exige ação (*vorhanden*). Diásporas vizinhas ou misturadas também podem enriquecer-se mutuamente durante negociações a respeito de identidades desejadas, e ganhar poder, em vez de perdê-lo. Se já estamos imaginando "quem e a quem", não nos esqueçamos de que a atual diáspora polonesa (que se expande a cada dia!) nas ilhas Britânicas empresta sua *polonesidade* à paisagem inglesa no mesmo grau em que se torna, ela própria, anglicizada.

George Steiner persuade-nos de que a principal tarefa que hoje a Europa confronta não é militar nem econômica em sua natureza, mas uma tarefa "espiritual e intelectual".[2]

> O gênio da Europa é o que William Blake teria chamado de "a santidade do momento particular". É o da diversidade linguística, cultural, social, de um pródigo mosaico que muitas vezes transforma uma distância trivial, de 20 quilômetros, numa divisão entre mundos. ... A Europa irá mesmo perecer se não lutar por suas línguas, tradições locais e autonomias sociais. Se esquecer que "Deus está nos detalhes".

Encontramos ideias semelhantes na obra literária de Hans-Georg Gadamer. Entre as excepcionais virtudes da Europa, ele situa a diversidade, a riqueza de sua variedade, acima de todas as outras. A abundância de diversidade é considerada por ele o tesouro mais precioso que a Europa conseguiu salvar das conflagrações do passado e oferecer ao mundo de hoje. "Viver com o Outro, viver como o Outro do Outro, essa é a tarefa humana fundamental – tanto nos níveis mais baixos quanto nos mais elevados. ... Daí, talvez, a vantagem particular da Europa, que pôde e teve de aprender a arte de viver com os outros."[3]

Na Europa, como em nenhum outro lugar, um "Outro" sempre viveu muito perto, ao alcance da vista ou das mãos; metaforicamente, claro, já que sempre próximo em espírito, mas com frequência literalmente também, num sentido corporal. Na Europa, um "Outro" é o vizinho mais próximo, e assim os europeus têm de negociar as condições de sua vizinhança apesar das diferenças que os dividem. A paisagem europeia, diz Gadamer, caracterizada como é pelo

> multilinguismo, a vizinhança próxima do Outro e o valor igual a este atribuído num espaço estritamente confinado, pode ser vista como um laboratório de pesquisa, ou uma escola, do qual o resto do mundo pode aproveitar o conhecimento e as habilidades que determinam nossa sobrevivência ou ruína.

"A tarefa da Europa", diz Gadamer, consiste em transmitir a todos a arte de aprender com todos. Acrescentaria eu: a missão da Europa, ou, mais precisamente, seu destino, está à espera de nossos esforços conjuntos para transformá-la em destino comum.

É impossível subestimar o peso dessa tarefa ou a determinação com que a Europa deveria empreendê-la se (mais uma vez fazendo eco a Gadamer) a condição necessária, sine qua non, para a solução dos problemas existenciais do mundo contemporâneo é a amizade e a "solidariedade calorosa". Ao realizarmos essa tarefa, podemos e devemos buscar inspiração na herança comum europeia: para os antigos gregos, a palavra "amigo", segundo Gadamer, descrevia a "totalidade da vida social". Amigos são pessoas capazes e desejosas de estabelecer uma relação amigável mútua sem preocupação com as diferenças entre eles, e prontas a ajudar umas às outras por conta dessas diferenças; capazes e dispostas a agir com gentileza e generosidade sem abandonar sua distinção – ao mesmo tempo cuidando para que essa distinção não crie uma distância entre eles ou os coloque uns contra os outros.

Segue-se de tudo isso que todos nós europeus, precisamente por causa das muitas diferenças entre nós e das diferenças de que dotamos nosso lar europeu comum em termos da variedade de nossas experiências e dos modos de vida por elas formatados, somos perfeitamente adequados para nos tornar amigos no sentido atribuído à amizade pelos antigos gregos, os ancestrais da Europa: não pelo sacrifício do que é caro a nossos corações, mas oferecendo-o aos vizinhos próximos e distantes, tal como eles nos oferecem, com tanta generosidade, o que é caro a seus corações.

Gadamer assinalou que o caminho da compreensão passa por uma "fusão de horizontes". Se aquilo que cada aglomeração humana percebe como verdade é a base de sua experiência coletiva, então os horizontes que cercam seu campo de visão também são as fronteiras das verdades coletivas. Se, vindos de uma variedade de aglomerações, desejamos encontrar uma verdade comum a todos e sobre ela concordar, precisamos de uma "fusão de horizontes", essa condição preliminar de uma síntese de experiências de histórias distintas, mas de um futuro comum. A União Europeia é nossa chance de realizar essa fusão. É, afinal, nosso laboratório comum, no qual, conscientemente ou não, de boa vontade ou não, nós fundimos os horizontes dos grupos, engrandecendo a todos nesse processo.

Para usar uma metáfora diferente da de Gadamer, por nossos esforços conjuntos e em benefício de todos forjamos, a partir da grande variedade de tipos de minério que trazemos para o laboratório, um amálgama de valores, ideais e intenções que podem ser aceitos por todos e a todos ser úteis. Se tudo se encaminhar bem, ele pode manifestar nossos valores, ideais e intenções comuns. E ocorre exatamente, ainda que o desconheçamos, que, no curso de todo esse trabalho, cada minério se torna mais fino e mais valioso – e nós, mais cedo ou mais tarde, inevitavelmente reconheceremos isso para nós mesmos.

Esse é um trabalho demorado, seu progresso é lento. Resultados rápidos não devem ser esperados. Mas o processo poderia ser acelerado, e os resultados alcançados com mais rapidez, colaborando-se, consciente ou inconscientemente, para que os horizontes se fundissem. Nada constitui obstáculo maior no caminho da fusão, e nada diminui mais seu ritmo, que a confusão de línguas herdada dos que construíram a Torre de Babel. A União Europeia reconheceu como "oficiais" nada menos que 23 línguas. Mas, nos diferentes países da União Europeia, pessoas leem, escrevem e pensam em catalão, basco, galês, bretão, gaélico, cassúbio, lapão, romani, um monte de tipos provinciais de italiano (perdão pelas inevitáveis omissões – é impossível listar todos eles).

A maior parte de nós, com exceção de um punhado de poliglotas extraordinários, não tem acesso à grande maioria das línguas europeias. Tudo isso nos empobrece e cria obstáculos. Muita sabedoria humana inacessível oculta-se nas experiências escritas em dialetos estrangeiros. Um dos componentes mais importantes, embora de modo algum o único, dessa sabedoria oculta é a consciência de como são surpreendentemente semelhantes as preocupações, esperanças e experiências de pais, filhos, esposos e vizinhos, chefes e subordinados, pessoas "de dentro" e "de fora", amigos e inimigos – não importa a língua em que sejam descritos.

Uma pergunta insistente, ainda que retórica, nos vem à mente: quanta sabedoria poderíamos todos ter ganho, o quanto nossa convivência se teria beneficiado, se parte dos fundos da União Europeia tivesse se dedicado à tradução das escritas de seus habitantes numa, digamos, "Biblioteca da Cultura Europeia", conjuntamente organizada e publicada? Pessoalmente, estou convencido de que poderia ter sido o melhor investimento no futuro da Europa e no sucesso de sua missão.

A característica mais significativa da modernidade em sua fase inicial – seu "estado sólido" – era a concepção própria de sua condição definitiva. Isso deveria significar o coroamento da busca da ordem, e quando esta fosse atingida, as mudanças seguiriam seu curso lógico e predeterminado – não importa se o final visualizado fosse uma "economia estável", um "sistema plenamente equilibrado", uma "sociedade justa" ou uma comunidade regulada por um código de "lei e ética racionais". A modernidade líquida, por outro lado, libera forças que provocam mudanças moldadas segundo as bolsas de valores ou os mercados financeiros; permite que as mutações culturais "encontrem seu nível próprio" e lá busquem outros níveis; nenhum dos níveis atuais, transitórios por definição, é considerado definitivo ou irrevogável, e nenhum deles é fixado até que o jogo da oferta e da procura tenha seguido seu (imprevisível) curso.

Em concordância com o espírito dessa transformação altamente efetiva, os malandros da política e os advogados culturais do "estágio líquido" da modernidade abandonaram quase totalmente a construção de um modelo de justiça social como finalidade última do caminho planejado. O curso do desenvolvimento agora é visto como uma série interminável de tentativas (e, indubitavelmente, de erros). A atenção passou dos fins para os meios; de determinar o destino final para atender à "jornada rumo ao desconhecido", de planejar ferrovias para lubrificar as rodas e abastecer a locomotiva. Os cronogramas foram agora substituídos por "códigos rodoviários". Quando se trata dos futuros movimentos da história, a regra, o padrão ou a medida dos "direitos humanos" que de agora em diante servirão de referência na avaliação de formas sucessivas ou concorrentes de coexistência.

Enquanto nos modelos de justiça social se exigia uma lista mais ou menos completa de conteúdos, o princípio dos "direitos humanos" tinha de ser limitado, por sua própria natureza, à definição da forma, deixando em aberto a do conteúdo. O único "dado" permanente desse princípio é a incitação constante a registrar demandas antigas, mas ainda insatisfeitas, e articular novas, que apelavam para o reconhecimento. Acredita-se que é impossível prever ou decidir de uma vez por todas quais dos muitos direitos humanos e quais dos muitos grupos ou categorias já registrados tiveram injustamente recusado seu reconhecimento ou não receberam a atenção necessária.

Os consecutivos inventários das possíveis respostas a esse tipo de pergunta nunca são examinados com profundidade suficiente para que algum deles possa se considerar completo; toda coleção de perguntas hoje apresentada está aberta a renegociação. A natureza provisória dessa situação positivamente convida a disputas e "choques diagnósticos"; ou, em outras palavras, testa o pretenso poder de determinar até que ponto o oponente pode permitir que o afastem de sua posição escolhida, em que medida poderia ser persuadido a abandonar alguma de suas prerrogativas, e que argumentos poderiam induzi-lo a aceitar exigências contrárias a seus interesses. Uma consequência prática e direta da demanda por reconhecimento invocando-se os "direitos humanos" é a multiplicação de campos e frentes de batalha – e um deslocamento das antigas linhas demarcatórias ao longo das quais conflitos herdados, atuais e futuros irão se misturar (embora, mais uma vez, apenas por enquanto).

Como sugere Jonathan Friedman, recentemente nos vimos numa situação nunca antes vivenciada: um mundo de "modernidade sem modernismo".[4] Tal como no passado, somos motivados pelo impulso eminentemente moderno de transgredir, porém não ficamos mais deleitados por seu objetivo ou destino, nem somos tentados a imaginá-los. Por si só, essa mudança de predileções pode ser vista como uma guinada histórica, mas não é a única. Uma nova elite do poder, agora global e verdadeiramente extraterritorial, sem interesse ou francamente hostil a "obrigações de longo prazo" (para não mencionar as sem prazo, as irrevogáveis), abandonou a ambição de suas predecessoras, as elites do Estado-nação, de estabelecer uma "ordem perfeita". Mas também perdeu o apetite, antes insaciável, das elites empresariais de criar a ordem e administrá-la no cotidiano.

Projetos de civilizações "grandiosas", culturas sublimadas e gerenciamento da educação ao estilo da "Casa de Salomão" de

A cultura numa Europa em processo de unificação 85

Francis Bacon não estão mais na moda hoje – e os que aparecem de tempos em tempos são tratados de modo equivalente a outras criações da ficção científica. Quando admirados, isso é apenas por seu valor de entretenimento, e o interesse que podem estimular é somente temporário. Como diz o próprio Friedman, "com o declínio do modernismo, ... só permanece a diferença em si, bem como sua acumulação". Não há escassez de diferenças. O que ocorre não é somente uma "obliteração de fronteiras". "Em vez disso, parece que novas fronteiras surgem em cada canto de cada rua nova, em todo distrito decadente de nosso mundo."

Embora a noção de "direitos humanos" tenha sido criada em benefício de indivíduos (com respeito ao direito de cada indivíduo de ser visto como isolado e distinto dos outros, sem ameaça de punição ou banimento da sociedade ou da companhia de seres humanos em geral), é óbvio que a luta por "direitos humanos" só pode ser travada com os outros, já que apenas um esforço conjunto pode garantir seus benefícios (daí o mencionado entusiasmo por demarcar fronteiras e verificar atentamente passaportes). Para se transformar num "direito", uma diferença deve ser comum a um grupo ou categoria considerável de indivíduos, rico em poder de barganha; também deve ser evidente o bastante para não ser ignorado, para ser levado a sério. O direito à diferença deve tornar-se um ponto de destaque na implementação conjunta de demandas.

A luta pela implementação dos direitos do indivíduo leva, portanto, à construção intensiva de comunidades: cavar trincheiras, adestrar e equipar unidades de assalto, proibir a entrada de intrusos e cercar seus habitantes nos limites de suas colônias; em suma, a um exame detalhado dos direitos de permanência e dos vistos de entrada e saída. Sempre que a diferença é vista como um valor pelo qual valha a pena lutar e que se deve manter a qualquer preço, logo segue-se um apelo retumbante ao alistamento, um movimento popular e um cerrar de fileiras, com os integrantes do grupo marchando ombro a ombro.

Para que isso aconteça, contudo, primeiro é necessário encontrar "a diferença que faz diferença" e separá-la da massa de diferenças inter-humanas. Essa deve ser uma qualidade bastante distinta e importante para se habilitar a apresentar demandas pertencentes à categoria dos "direitos humanos". No final, o princípio dos "direitos humanos" age como um catalisador que libera o processo de construção e reprodução da diferença e o estabelecimento de uma comunidade a seu redor.

Nancy Fraser protesta contra a "brecha cada vez maior entre a política cultural da diferença e as políticas sociais de igualdade", e acrescenta que "a justiça exige hoje tanto o reconhecimento quanto a redistribuição":

> É injusto que a alguns indivíduos e grupos seja negada a condição de parceiros na interação social simplesmente com base em esquemas institucionalizados de valores culturais, de cuja construção eles não participam na mesma condição que os outros, e que depreciam as qualidades que os distinguem ou que lhes são atribuídas.[5]

Há óbvias razões, portanto, pelas quais a lógica das "guerras de reconhecimento" leva os lados beligerantes a transformar a diferença num valor absoluto. Cada apelo por reconhecimento contém, afinal, o elemento de uma tendência fundamentalista difícil de suavizar, e mais ainda de eliminar, que em geral empresta às demandas – na terminologia de Fraser – um "caráter sectário". Formular a questão do reconhecimento no contexto da justiça social, e não no da "autorrealização" (em que Charles Taylor ou Axel Honneth preferem situá-lo, de acordo com a atual moda do "culturalismo" orientado para o indivíduo), pode ter efeitos benéficos nesse domínio. Pode remover o veneno do sectarismo (juntamente com suas consequências, o isolamento físico ou social, a quebra das comunicações, além de antagonismos que se desenvolvem por si mesmos e se incitam mutuamente) do ferrão das demandas por reconhecimento. Já que são apresentadas em nome da igualdade, as demandas por redistribuição constituem ferramentas de integração, enquanto as demandas por reconhecimento, reduzidas a diferenças culturais, podem encorajar divisões, separação e, no final, um rompimento do diálogo.

Por fim, mas não menos importante, a associação das "guerras de reconhecimento" com a demanda por igualdade também pode evitar que a luta pelo reconhecimento da diferença caia na armadilha do relativismo. O resultado da definição de "reconhecimento" como direito de participação na interação social com base na igualdade – e sua consequente conexão com a questão da justiça social – não é que (mais uma vez citando Fraser) "todos tenham igual direito à consideração social"; que, em outras palavras, todos os valores sejam iguais e toda diferença seja digna de ser cultivada pelo próprio fato de ser uma diferença. A consequência disso é apenas que "todos têm igual direito a exigir respeito social em termos honestos, garantindo oportunidades iguais".

A luta por reconhecimento, quando comprimida para se adequar ao arcabouço da autodeterminação e da autorrealização culturais, revela seu potencial antagônico (e, como mostra a experiência recente, genocida, em última instância). Quando situadas na problemática da justiça social, contudo, as demandas por reconhecimento e as ações políticas delas consequentes tornam-se um catalisador de encontros, diálogos e negociações que podem (embora não necessariamente) levar à integração de uma ordem superior – ampliando, não ocultando, o espectro da comunidade ética.

Não se trata aqui de nos perdermos em minúcias. O que está em jogo não é a elegância do argumento filosófico ou a unidade da abordagem teórica – nem decerto apenas essas coisas. Juntar o problema da imparcialidade na distribuição ao da política de reconhecimento adapta a promessa moderna de justiça social às condições da "modernidade líquida", ou, segundo Jonathan Friedman, à "modernidade sem modernismo", sendo a nossa, como insinua Bruno Latour,[6] uma época de concordância com a coexistência permanente da diversidade – ou seja, uma condição que, mais que qualquer outra, requer a arte da coabitação humana pacífica.

A "modernidade sem modernismo" é também uma condição na qual não é mais viável esperar por um desarraigamento radical da miséria e pela libertação da condição humana do conflito e do sofrimento de uma vez por todas. Se a ideia da "boa sociedade" é permanecer relevante no cenário da modernidade líquida, ela deve representar uma sociedade devotada à noção de "dar uma chance a todos", ou seja, remover, um a um, os obstáculos que impedem essas chances de se concretizar. Sabemos que esses obstáculos não podem ser removidos no atacado, de um só golpe, pela imposição de outra forma de ordem. Portanto, a única estratégia possível de uma "sociedade justa" é a eliminação gradual dos obstáculos quando eles forem aparecendo, a cada novo apelo de reconhecimento. Nem toda diferença tem o mesmo valor, e alguns estilos de vida e formas de comunalismo são eticamente mais louváveis que outros; mas não vamos descobrir qual é qual se não se der a ambos os lados os mesmos direitos de apresentar seus argumentos e provar suas proposições. É impossível, pela própria natureza de um diálogo honesto, prever quais modos de vida podem emergir no curso das negociações. Não é possível extrair conclusões dos *desiderata* da lógica filosófica.

"Na realidade", como enfatizou Cornelius Castoriadis, "nenhum problema pode ser resolvido antecipadamente. Devemos criar o bem em condições incertas e indefinidas. O projeto de autonomia é um objetivo, um indicador, e não vai resolver para nós os problemas reais."[7] Só podemos dizer que o direito de apelar por reconhecimento e receber uma resposta da sociedade é condição indispensável, e possivelmente até decisiva, da autonomia, ou seja, da capacidade de constituir por si mesmo (e assim, potencialmente, "aperfeiçoar" por si mesmo) a sociedade em que vivemos. E que isso nos dá a possibilidade de que nenhuma injustiça e nenhuma dificuldade sejam ocultadas, negligenciadas ou ignoradas, e que elas não sejam impedidas, de qualquer outra maneira, de assumir seu lugar de direito entre os problemas que exigem solução. Como assinalou o próprio Castoriadis: "A questão toda começa e termina com a realocação da atividade social – que, havendo uma chance, deixaria muito atrás tudo que hoje somos capazes de pensar." Em nossos tempos, a "persuasão sensata" das pessoas significa ajudá-las a atingir sua autonomia.

Castoriadis esclarece que "não respeita as diferenças dos outros por elas mesmas, independentemente do que são e do que fazem". O reconhecimento dos "direitos humanos", o direito ao reconhecimento, não é equivalente a assinar um cheque em branco e não significa uma concordância a priori com o modo de vida que foi, é ou será objeto das demandas. O reconhecimento desses direitos não é nada mais nada menos que o convite a um diálogo no curso do qual é possível debater os méritos e defeitos das diferenças consideradas, e (com alguma sorte) chegar a um acordo sobre seu reconhecimento.

Essa atitude é em tudo diferente daquela do fundamentalismo universal, que rejeita todas as outras formas de "ser humano", ao mesmo tempo que garante a uma única delas o direito a uma existência incontestada. Mas também é diferente, de forma igualmente radical, de um tipo específico de tolerância propagado por algumas correntes da chamada política do "multiculturalismo", a qual presume o caráter essencialista da diferença, recusando assim, de pronto, qualquer negociação entre diferentes estilos de vida. O ponto de vista de Castoriadis exige que a cultura seja defendida em duas frentes: de um lado, da *Kulturkampf* – das cruzadas culturais e da homogeneização opressiva; de outro, da indiferença cruel e arrogante do não engajamento.

· 6 ·

A cultura entre o Estado e o mercado

O envolvimento do Estado francês com as artes começou mais cedo que na maioria dos países europeus, sob o patrocínio dos reis e da nobreza. No século XVI, Francisco I chegou a estabelecer uma oficina estatal para a produção de tapeçarias. Mais de um século depois, Luís XIV (famoso pela frase *"L'État c'est moi"*) deu um passo decisivo em direção às formas modernas de patrocínio da arte pelo Estado ao fundar o teatro real, a Comédie-Française, bem como uma série de academias régias (incluindo as de música e pintura) para desenvolver as artes e educar os artistas.

Os primeiros exemplos de financiamento das artes pelas autoridades, assim como iniciativas que hoje seriam apresentadas sob o título de "política cultural", apareceram uns bons duzentos anos antes que fosse cunhado o termo "cultura". Podemos supor que o conceito surgiu da ambição e da iniciativa dos reis. O conceito francês de *culture* apareceu como um nome coletivo para os esforços do governo no sentido de promover o aprendizado, suavizar e melhorar as maneiras, refinar o gosto artístico e despertar necessidades espirituais que o público até então não possuía, ou não tinha consciência de possuir. "Cultura" era algo que algumas pessoas (a elite instruída e poderosa) fazia, ou pretendia fazer, por outras (o "povo" ou as "pessoas comuns", em ambos os casos privados de educação e poder). A "cultura" francesa, na fase inicial, era uma noção um tanto messiânica – sinalizava intenções proselitistas: esclarecer, abrir os olhos, converter, refinar, aperfeiçoar. Desde o começo, a vocação messiânica foi apropriada pelo Estado, ou talvez confiada a ele.

Depois da abolição da monarquia francesa, o governo revolucionário absorveu a missão, completando a ideia de esclarecimento e cultura com ambições que não haviam ocorrido aos governantes dinásticos. O propósito da missão tornou-se então reconstruir a sociedade "a partir de seus alicerces", criar o "novo homem", resgatando o "povo" de um abismo de séculos de ignorância e superstição – em suma, implementar um novo modelo de sociedade e de indivíduo, laboriosa e cuidadosamente formulado. Se fora possível abolir a monarquia e seus parasitas aristocráticos, tudo mais era permitido, tudo podia ser reelaborado e revertido; só era preciso saber o quê e como fazer. O conceito de "cultura" tornou-se um apelo à ação e um grito de guerra.

Entre 1815 e 1875, o regime do Estado mudou cinco vezes. A despeito das drásticas diferenças entre eles, um tema estabelecido por seus predecessores foi aceito sem questionamento: a necessidade de as autoridades do Estado prosseguirem em seus esforços no sentido de esclarecer e cultivar, noções agora coletivamente conhecidas como "desenvolvimento e disseminação da cultura". Também nesse período, a tradição já estabelecida de responsabilidade do Estado pela cultura foi posta a serviço da construção nacional. O propósito geral de criar novos (e melhores) indivíduos transformou-se especificamente na tarefa de produzir patriotas franceses e cidadãos leais à República.

O conceito de *patrimoine*, de herança nacional – a ser preservada e tornada acessível ao cidadão (e enriquecida para o bem e a glória dos futuros herdeiros), considerada, de forma muito apropriada, uma das principais condições da identidade, da unidade nacional e da lealdade e disciplina dos cidadãos –, ganhou lugar ainda mais relevante nos projetos seguintes desse empreendimento. Foi por meio de um projeto cultural integrado que o agrupamento de tradições, costumes, dialetos e calendários locais herdado de séculos de fragmentação feudal seria unificado no Estado moderno.

Uma série de tentativas breves e esporádicas de institucionalizar e codificar a curadoria estatal da atividade da cultura já ocorrera no passado, mas foi só em 3 de fevereiro de 1959, durante a Quinta República, sob a Presidência de Charles de Gaulle, que se estabeleceu um Ministério da Cultura, ao que parece permanente. De Gaulle nomeou para ocupar pela primeira vez esse Ministério André Malraux, e foi ele que conseguiu o que fora tentado muitas vezes antes com êxito apenas secundário e transitório. A situação política do país na época era favorável a essa iniciativa: o líder nacional, devotado à missão de restabelecer na Europa a posição da França, país prejudicado na guerra, desejava que a cultura fosse parte da futura glória do país, e que a cultura francesa pudesse irradiar-se para o resto do continente, tornando-se um modelo admirado e copiado.

A cultura conferiria prestígio e glória, em âmbito mundial, ao país que patrocinasse seu florescimento. Como disse François Chabot mais de meio século depois, num artigo sobre a difusão da cultura francesa no mundo,[1] a tarefa de promovê-la pelo mundo, empreendida (embora não necessariamente com êxito) com o patrocínio da arte pelo Estado, "continua a ser o motivo de uma profunda preocupação nacional, já que poucos fatores influem tão fortemente sobre a maneira como um país é percebido pelo mundo e sobre sua capacidade de falar e ser ouvido".

De acordo com Chabot, a atitude de sucessivos governos franceses em relação à arte foi moldada pelas ideias de "messianismo político-cultural", embora o conceito da missão assumida pela França mudasse com o tempo. (No século XIX, ele se preocupava sobretudo com o direito das nações à autodeterminação; no período do entreguerras, com a defesa das ainda frágeis e inseguras democracias; e, no final do século XX, com a promoção do multiculturalismo.) Ao ministro da Cultura, portanto, não faltavam verbas adicionais para ilustrar os benefícios resultantes da tutela do Estado sobre artistas, trabalhadores culturais e os que lucram com seus esforços.

Agora se entendia "cultura" principalmente como arte e criação artística, e a multiplicação daquela e a intensificação desta tornaram-se foco das atividades do Ministério então recém-estabelecido. A democracia política seria complementada pela democratização da arte. O próprio Malraux formulou a tarefa:

> O Ministério encarregado de assuntos culturais tem como missão tornar acessíveis as grandes obras da humanidade, especialmente as francesas, ao maior número possível de franceses; a missão de garantir a maior audiência possível para nosso patrimônio cultural e promover obras de arte que enriqueçam esse legado.

Malraux rejeitava enfaticamente qualquer tarefa de natureza pedagógica, em particular a ideia de impor à nação opções artísticas ou cânones de preferência cultural. Ao contrário de seus antecessores, não estava interessado em impor modelos ou gostos elaborados "no topo", escolhidos por autoridades, sobre a cabeça dos "objetos de cultivo" e a eles impingidos; nem em aplicar nas oficinas e nos ateliês dos artistas conteúdos e formas selecionados. Estava mais preocupado em dar oportunidade para os criadores produzirem; para os artistas refinarem sua arte; para todos os demais se associarem intimamente tanto com uns quanto com outros (Malraux falava de pôr a cultura "à disposição de todos, não a serviço da decoração da vida burguesa").

Os sucessores de Malraux seguiram a rotina por ele estabelecida. A lógica do desenvolvimento da sociedade da informação, mais a lógica dos princípios formulados e testados pelo primeiro ministro da Cultura, dirigia esse caminho inexoravelmente para o reconhecimento de uma multiplicidade de opções culturais e para a adoção do pluralismo cultural como principal peculiaridade da cultura francesa, assim como fonte de glória apoiada e reforçada pelo patrocínio do Estado como seu principal objetivo. As políticas culturais de sucessivos governos, tanto de direita quanto de esquerda, seriam perfeitamente descritas pelo lema de Mao Tse-tung, "Deixar brotar centenas de flores"; não fosse o fato de esse convite em aparência caloroso e essencialmente liberal ser uma arapuca armada com insídia para os criadores chineses, a fim de persuadi-los a revelar suas secretas intenções heréticas, de modo a cortá-las pela raiz.

Na França, o lema da pluralidade cultural e da diversidade artística deveria continuar a ser um guia para a política cultural com constância digna de louvor. O presidente George Pompidou pôs um pingo nos is, afirmando enfaticamente: "A arte não é uma categoria administrativa, mas é, ou deveria ser, a moldura [*cadre*] da vida."

A prática de apoiar o pluralismo cultural alcançou o apogeu durante a presidência de François Miterrand, com Jack Lang no Ministério. Num decreto de 10 de maio de 1982, inspirado por Miterrand e redigido por Lang, declarou-se que a missão fundamental do Ministério da Cultura seria possibilitar a todos os franceses cultivar a inovação e a criatividade, desenvolver seu próprio potencial criativo, demonstrar livremente seus talentos e se beneficiar do treinamento artístico de sua preferência. Para atingir esse objetivo, o decreto impôs às instituições do Estado o dever de apoiar iniciativas regionais e de grupos, assim como ajudar movimentos e práticas amadoras independentes e não institucionalizados.

O poder, as verbas e o know-how organizativo do Ministério da Cultura não se destinavam a guiar tendências culturais e escolher entre elas, mas a aumentar o poder e patrocinar a auto-organização de iniciativas regionais que emergissem espontaneamente. Mark Fumaroli, membro da Academia Francesa e autor de um tratado altamente polêmico, muito aclamado e ferozmente debatido, sobre as complexidades culturais do "*État culturel*", o Estado cultural, comentou com certo sarcasmo que a principal preocupação do Ministério da Cultura francês era evitar a suspeita de que pretendesse governar a cultura e as acusações de favorecer uma de suas variantes. Fumaroli não considerava essa posição, de modo algum, admirável.

Por outro lado, Theodor Adorno, conhecido por suas suspeitas quanto ao que motivava a administração dos Estados quando assumiam o interesse pelas artes, provavelmente aplaudiria o recuo estatal em relação às velhas ambições de avaliar méritos e deméritos de propostas artísticas. Adorno observa que englobar o espírito objetivo de uma época num só conceito de "cultura" revela, desde logo, um ponto de vista administrativo; dessa perspectiva mais elevada, a tarefa é coletar, distribuir, avaliar e organizar – e ele prossegue:

> A demanda que a administração faz à cultura é essencialmente heterônoma: a cultura – não importa a forma que assuma – deve ser avaliada por normas não inerentes a ela, e que nada têm a ver com a qualidade do objeto, e sim com algum tipo de padrão abstrato imposto de fora.[2]

Mas, como seria de se esperar de uma relação social tão assimétrica, uma visão diferente será bem-vinda aos que vivenciam esse estado de coisas da posição oposta – do lado dos gerenciados, não dos gerentes. Uma conclusão totalmente diversa seria extraída caso se permitisse que esses observadores fizessem a avaliação. Seria esperável, então, que nos mostrassem um panorama de repressão injustificada e indesejada, e um veredicto de injustiça e ilegalidade. Dessa outra perspectiva, a cultura aparece em oposição ao gerenciamento, e isso porque, como disse Oscar Wilde (de modo provocador, segundo Adorno), a cultura é "inútil", ou pelo menos assim parece, enquanto os supervisores (autonomeados e, do ponto de vista da arte, ilegais) tiverem o monopólio do estabelecimento das linhas de fronteira entre utilidade e inutilidade. Nesse sentido, de acordo com Adorno, a "cultura" representa interesses e demandas das pressões particulares em oposição às pressões homogeneizantes do "geral" –

e assume posição inarredavelmente crítica em relação ao atual estado de coisas e a suas instituições.[3]

Colisões e um antagonismo em constante efervescência entre as duas perspectivas e narrativas derivadas de diferentes experiências não podem ser evitados. É impossível impedir a emergência de conflitos, da mesma forma que represar o antagonismo, uma vez desencadeado. A relação entre gerenciador e gerenciado é antagônica por natureza: os dois lados aspiram a resultados opostos e só podem existir em estado de potencial colisão, numa atmosfera de desconfiança mútua e sob a pressão do impulso cada vez maior de começar a luta.

O conflito é especialmente evidente, os choques em particular amargos, e as relações singularmente carregadas de consequências catastróficas no caso das belas-artes – a principal área da cultura e o motor de sua dinâmica. As belas-artes são o campo mais estimulante da cultura; por esse motivo, não podem deixar de fazer sempre novas incursões a novos territórios e travar guerras de guerrilha com o objetivo de planejar, abrir e demarcar sempre outros caminhos a percorrer pelo restante da cultura humana. ("A arte não é uma existência melhor, mas uma existência alternativa", observou Joseph Brodsky, "não é uma tentativa de escapar da realidade, mas o oposto, uma tentativa de animá-la."[4])

Os criadores de arte, pela própria natureza, são adversários ou competidores em atividades que os gerentes prefeririam, afinal, transformar em prerrogativas suas. Quanto mais se distanciam da ordem existente e mais firmemente se recusam a se submeter a ela, menos adequados são as artes e os artistas para as tarefas que a administração lhes atribui. Isso, por sua vez, significa que os gerentes irão encará-las como inúteis, quando não prejudiciais ao empreendimento. Gerentes e artistas apresentam-se uns aos outros com propósitos opostos. O espírito do gerenciamento prossegue em estado de guerra constante com a contingência que é o território/ecótipo natural da arte. Contudo, como observamos um instante atrás, a preocupação das artes em esboçar alternativas imaginárias ao atual estado de coisas distingue-as como rivais do gerenciamento, quer gostem disso, quer não. O controle sobre o empreendimento e o esforço humanos realizados pela administração resumem-se, em última instância, a seu desejo de dominar o futuro. Há, portanto, uma carrada de razões para que os administradores e o povo das artes não se tolerem.

Falando de cultura, mas tendo em mente sobretudo as belas-artes, Adorno reconhece a inevitabilidade do conflito com a administração. Mas também argumenta que os antagonistas precisam um do outro. O que é mais importante, a arte necessita de campeões, paladinos dotados de desenvoltura, já que sem a ajuda deles sua vocação não pode se realizar. Não é uma situação diferente da que ocorre em muitos casamentos, em que os cônjuges são incapazes de viver juntos em harmonia, mas também não conseguem passar sem o outro. Embora uma vida cheia de discussões e choques abertos, envenenada diariamente pela hostilidade mútua e oculta, possa ser embaraçosa, desgastante e insustentável, não há maior infortúnio para a cultura (ou mais precisamente para as belas-artes) que o triunfo completo e incondicional sobre seu oponente: "A cultura sofre prejuízos quando é planejada e administrada; no entanto, quando deixado por sua própria conta, tudo que é cultural ameaça não somente perder a possibilidade de causar algum efeito, mas também de sua própria existência."[5]

Ao expressar essa opinião, Adorno chega mais uma vez à dolorosa conclusão a que chegara com Max Horkheimer quando escreveram *A dialética do esclarecimento*: a história das velhas religiões, assim como a experiência dos partidos e revoluções modernos, ensina-nos que o preço da sobrevivência é "a transformação das ideias em dominação".[6] Essa lição da história precisa ser assiduamente estudada, diz Adorno, para que seja assimilada e impressa nas práticas dos artistas profissionais, que sustentam o principal fardo da função "transgressora" da cultura e aceitam conscientemente a responsabilidade por ele, transformando a crítica e a transgressão em modo de vida:

O apelo aos criadores da cultura para que se retirem do processo de administração e dele mantenham distância tem pouca ressonância. Isso os privaria não apenas da possibilidade de ganhar seu sustento, mas também de todo efeito, de todo contato entre obra de arte e sociedade, sem o que os trabalhos de maior integridade não podem passar, sob o risco de perecer.[7]

Pode-se dizer: esse é mesmo um paradoxo, e dos mais difíceis de resolver. Os gerentes devem defender a ordem que lhes foi confiada como a "ordem das coisas", ou seja, o próprio sistema que os artistas leais à sua vocação devem reprovar, expondo assim a perversidade de sua lógica e questionando sua sabedoria. Como diz Adorno, a inata atitude suspeitosa da administração diante da insubordinação e da imprevisibilidade naturais da arte só pode ser um constante *casus belli* para os artistas; por outro lado, como ele não deixa de acrescentar, os criadores de cultura não podem passar sem a administração, quando, leais à sua vocação e desejando mudar o mundo (para melhor, se isso chegar a ser possível), desejam ser ouvidos, vistos e, tanto quanto possível, seriamente notados. Os criadores de cultura não têm escolha, diz Adorno. Precisam conviver diariamente com esse paradoxo.

Não importa a altura da voz dos artistas ao amaldiçoar os argumentos e intervenções da administração, a alternativa a um *modus covivendi* é a perda de significado na sociedade e a imersão no não ser. Os criadores podem escolher entre formas e estilos de gerenciamento mais ou menos toleráveis, mas não podem escolher entre aceitação ou rejeição da instituição da gerência em si. Ter direito a uma escolha como essa é um sonho irrealizável.

O paradoxo aqui debatido não pode ser solucionado porque, a despeito de todos os conflitos entre eles e da difamação silenciosa ou barulhenta, criadores culturais e administradores convivem no mesmo domicílio e participam da mesma empreitada. Suas disputas são manifestação daquilo que os psicólogos descreveriam como "rivalidade entre irmãos". Uns e outros são governados pela mesma compreensão de seu papel e propósito num mundo comum, que é fazer esse mundo diferente do que ele seria ou se tornaria sem a intervenção e os insumos com que eles afetam sua condição e seu funcionamento. Ambos mantêm uma dúvida (não infundada) quanto à capacidade da ordem existente ou desejada em sustentar a si mesma, ou vir à luz por seus próprios poderes e sem a ajuda deles. Não discordam em que o mundo precisa de um monitoramento constante e de ajustes frequentes; sua discordância diz respeito ao objeto dos ajustes e à direção que as correções deveriam tomar. Em última instância, o que está em jogo no debate e na permanente luta de poder é o direito de tomar decisões sobre o assunto, e então fazer valer sua posição e colocar em prática sua decisão.

Hanna Arendt foi um passo adiante e olhou além do motivo direto do conflito, atingindo, por assim dizer, as raízes existenciais da discórdia:

> Um objeto é cultural dependendo da duração de sua permanência: seu caráter durável se opõe a seu aspecto funcional, esse aspecto que o faria desaparecer do mundo fenomenal com o uso e o desgaste. ... A cultura encontra-se sob ameaça quando todos os objetos do mundo, produzidos hoje ou no passado, são tratados exclusivamente como funções dos processos sociais vitais – como se não tivessem outra razão senão a satisfação de alguma necessidade –, não importa se as necessidades em pauta são nobres ou banais.[8]

Segundo Hanna Arendt, a cultura vai acima e além das realidades atuais. Não se preocupa com qual poderia ser a ordem do dia num determinado ponto, com o que possa ser considerado "o imperativo do momento"; luta para não ser confinada por limites definidos pela "concretude" do tema – quem possa tê-los declarado assim e os meios pelos quais o fez – e para se libertar das restrições que isso impõe.

Ser usado e consumido na hora ou, mais ainda, ser danificado no curso de seu uso e consumo não é, segundo Hanna Arendt, o propósito dos produtos culturais, nem tampouco a medida de seu valor. Ela afirma que o objetivo da cultura (ou seja, da arte) é a beleza. Acho que ela preferiu definir dessa forma os interesses da cultura porque a ideia de beleza é sinônimo ou encarnação de um ideal que se esquiva, resoluta e teimosamente, de uma justificativa racional ou de uma explicação causal; o belo, por sua natureza, é desprovido de propósito ou de uso óbvio, não serve para nada senão para si mesmo – e também não pode justificar sua existência invocando uma necessidade reconhecida, palpável e documentada, que exija, com impaciência e alarde, ser satisfeita. Qualquer que seja a necessidade que a arte satisfaça, é preciso primeiro invocá-la e dar-lhe vida pelo ato da criação artística. Uma coisa é "objeto cultural" quando dura mais que o uso prático que a acompanha ou que inspira sua criação.

Hoje, os criadores culturais podem se rebelar, como o fizeram no passado, contra a intervenção intrometida e invasiva que insiste em avaliar os objetos culturais de acordo com critérios estranhos e desfavoráveis à não funcionalidade natural, à espontaneidade irrestrita e à independência incontrolável da criação. Podem se revoltar contra os chefes, sejam eles nomeados por outros ou por si mesmos, que exploram recursos e poderes à sua disposição para exigir obediência a regras e padrões de utilidade que eles mesmos estabeleceram e definiram; que, *summa summarum,* tal como no passado, prendem as asas da imaginação e solapam os princípios da criação artística.

E, no entanto, algo tem mudado nas últimas décadas em termos da situação da arte e de seus criadores: primeiro, a natureza dos gerentes e administradores hoje a cargo da arte, ou que aspiram a essa posição; segundo, os meios que usam para atingi-la; terceiro, o sentido atribuído por essa nova geração de gerentes à noção de "funcionalidade" e "utilidade" que esperam da arte e que usam para seduzi-la e/ou impor-lhe exigências.

Andy Warhol, com seu costumeiro gosto pelo paradoxo e pela contradição, e com um ouvido admiravelmente afinado segundo as últimas tendências, afirmou de um só fôlego que um "artista é alguém que faz coisas das quais ninguém precisa", e que "ser bom nos negócios é a mais fascinante forma de arte. Ganhar dinheiro é uma arte, trabalhar é uma arte e bons negócios são a melhor das artes."

A tentação oferecida pelos chefes de operações do mercado de consumo – especialistas, em outras palavras, em aumentar a demanda, juntamente com a oferta – consiste na promessa de que, sob a nova gerência, essas duas declarações não serão mais contraditórias: os novos chefes vão garantir que as pessoas sintam a necessidade de possuir (e pagar por) precisamente aquilo que os artistas desejam criar, e que a prática da arte se torne um "bom negócio". A coerção, por outro lado, consiste no fato de que de agora em diante a vontade das novas autoridades irá ditar as criações artísticas para as quais haverá demanda e o tipo de criatividade que se tornará um "bom negócio", a melhor arte de todas; uma arte em que os especialistas desse mercado ganham facilmente dos mestres do pincel ou do buril.

A mediação de levar a arte ao público não é nenhuma novidade. Ela costumava estar, para o bem ou para o mal, sob o patrocínio do Estado, causando maior ou menor satisfação aos artistas. Era administrada pelas instituições políticas responsáveis pela cultura. Verdadeiramente novos são os critérios usados nessa mediação pela nova classe de gerentes, agentes das forças do mercado, reivindicando as posições abandonadas pelos agentes das autoridades do Estado (ou deles tomadas). Como esses são critérios do mercado de consumo, eles preocupam-se com temas como a iminência do consumo, a iminência da satisfação e a iminência do lucro.

Um mercado de consumo trabalhando para satisfazer necessidades de longo prazo, para não falar de necessidades permanentes ou atemporais, é uma contradição em termos, um oximoro. O mercado de consumo favorece e promove o giro rápido e o intervalo de tempo mais curto possível entre uso e descarte – com o objetivo de fornecer a reposição imediata dos produtos que não sejam mais lucrativos. Tal posição, típica do "espírito de nossa época", que, segundo Milan Kundera, "está fixado sobre a atualidade, que é tão expansiva, tão ampla, que *empurra* o *passado* do nosso horizonte e reduz o tempo ao único segundo *presente*",[9] está em contradição total com a natureza da criação artística e com o propósito de toda arte, e não apenas a nova arte de que fala Kundera. A missão da arte, mais uma vez citando Kundera, é "salvar-nos do esquecimento de ser". O que é novo, portanto, com referência às observações anteriores, é a separação dos caminhos para os irmãos ainda engajados na rivalidade mútua.

O que está em pauta na fase atual do velho cabo de guerra não é apenas a resposta à pergunta "Quem está no comando?", mas o próprio sentido de gerenciar a arte, o propósito do gerenciamento e suas consequências desejadas. Poderíamos ir adiante e presumir que o que está em pauta é a sobrevivência das artes na forma em que existiam desde o tempo no qual as paredes das cavernas de Altamira foram cobertas de desenhos. Submeter a atividade cultural aos padrões e critérios dos mercados de consumo equivale a exigir que as obras de arte aceitem as condições de ingresso impostas a qualquer produto que aspire à categoria de bem de consumo – ou seja, justificar-se em termos de seu valor de mercado atual.

Mas será que a cultura pode sobreviver à desvalorização do ser e ao declínio da eternidade, possivelmente os tipos mais dolorosos de danos colaterais causados pelo triunfo dos mercados de consumo? Não sabemos nem podemos saber ainda a resposta a essa pergunta. Assim, não seria a pior atitude prestar atenção à sensata advertência do filósofo Hans Jonas: confiar mais, em tempos de incerteza, nas previsões sombrias dos "profetas do apocalipse" que nas garantias reconfortantes dos promotores e fãs do "maravilhoso mundo novo dos consumidores".

A primeira questão apresentada às novas iniciativas artísticas em busca de reconhecimento é sobre suas expectativas quanto à demanda de mercado sustentada por recursos financeiros dos potenciais compradores. Lembremos, contudo, que as intenções consumistas são claramente caprichosas e transitórias, e que, portanto, a história da dominação da arte pelos mercados de consumo está repleta de falsos prognósticos e afirmações errôneas e enganosas, assim como de decisões equivocadas. A lógica dessa dominação equivale na prática a uma compensação da falta de critérios estéticos de qualidade por uma multiplicação das ofertas, "enchendo as prateleiras de alto a baixo"; ou, numa expressão mais simples, o excesso de desperdício e o desperdício excessivo.

George Bernard Shaw, não apenas grande teatrólogo, mas também entusiasta da fotografia, costumava advertir seus colegas amadores que, ao tirar fotos, eles deviam seguir o exemplo do bacalhau, que precisa pôr milhares de ovos para que um só filhote conseguisse chegar à maturidade. Parece que a totalidade da indústria de consumo e seus agentes de marketing levaram mais ao pé da letra que os outros as advertências e o conselho de Bernard Shaw.

São os clientes potenciais, ou, mais precisamente seu número, o conteúdo de suas contas bancárias e o volume de crédito de que dispõem que hoje decidem, conscientemente ou não, o destino dos produtos culturais. A linha que divide a arte "bem-sucedida" (leia-se, a que atrai a atenção do público) da malsucedida, pobre ou inútil (leia-se, a que não conseguiu chegar às galerias ou às casas de leilão famosas, frequentadas pela clientela certa) é traçada tendo como referência as estatísticas de venda, a frequência e os lucros das exposições. Tal como nas definições, só parcialmente irônicas, de Daniel J. Boorstin: "Celebridades são pessoas famosas por serem famosas", "Um bom livro é um livro que vende bem pelo fato de ser vendável".

Os teóricos e críticos responsáveis por avaliar as obras de arte que chegam ao mercado hoje, e que tentam encontrar uma correlação entre a popularidade de um artista e o valor de sua obra, não conseguiram ir além ou cavar mais fundo que Boorstin e seus gracejos. Quando se procura uma razão decisiva para os altos preços de um artista, é mais fácil encontrá-la no nome da galeria, no programa de televisão ou no jornal responsável por tirar o artista e sua obra das sombras para o brilho da publicidade do que em seus trabalhos.

Não são apenas instituições e empresas que agregam valor a obras de arte fornecendo-lhes sua marca, ou que as desvalorizam, retirando essa marca. A aplicação do imprimátur é acompanhada de um evento único e de curta duração, mas "apregoado" com alarde, uma bacanal multimídia de "promoção" ou "publicidade exagerada". Eventos parecem agora a fonte mais rica de valor agregado da cultura. Mantendo a receita de Boorstin, eles atraem a atenção das massas porque as massas prestam atenção a eles, e vendem grande número de ingressos porque há longas filas para comprá-los.

Os eventos estão livres dos riscos a que se expõem até as galerias e auditórios mais famosos. Têm a vantagem de, num mundo sintonizado com a extravagância, a fragilidade e a transitoriedade da memória pública, e na presença de incontáveis atrações desejáveis e tentadoras competindo pelo acesso a uma atenção cronicamente exaurida, não precisar contar com a lealdade – duvidosa, nessas circunstâncias – de clientes fiéis: os eventos, assim como todos os outros produtos de consumo legítimos, são ajustados para uma data de validade (em geral muito próxima). Seus designers e operadores, portanto, eliminam de seus cálculos as preocupações de longo prazo, cortando desse modo suas despesas; e, o que é mais importante, ganhando em credibilidade e prestígio graças à ressonância percebida entre seu caráter e o espírito da época. Os eventos, de acordo com George Steiner, são planejados para o máximo impacto e a obsolescência instantânea, e assim evitam a praga que aflige qualquer investimento de longo prazo, que é a "lei da tendência decrescente dos lucros", conhecida na prática por qualquer agricultor da história e na teoria por qualquer economista desde Turgot, Malthus e Ricardo.

A irresistível velocidade dos eventos, de atividades que nunca duram mais que o tempo de vida do interesse do público, hoje a fonte mais pródiga de retorno do mercado, harmoniza-se perfeitamente com uma tendência popular no mundo líquido moderno. Os produtos da cultura agora são criados com "projetos" em mente, projetos com um tempo de vida predeterminado, com muita frequência o mais curto possível. Como observou Naomi Klein, firmas que preferem obter lucro colando seus rótulos em produtos já prontos, em vez de aceitar a responsabilidade pela produção, juntamente com todos os riscos que isso acarreta, podem transformar qualquer coisa em objeto desse procedimento: "Não só areia, mas trigo, carne, tijolos, metais, concreto, produtos químicos, painço e uma variedade interminável de itens tradicionalmente considerados imunes a tais forças"[10] – produtos, em outras palavras, considerados (de maneira errônea, como se vê) capazes de atestar seu valor e utilidade graças a suas próprias qualidades e virtudes facilmente comprováveis. A ausência de obras de arte nessa lista deve ser minimizada como um raro caso de descuido da parte de Naomi Klein.

Durante séculos, a cultura existiu em desconfortável simbiose com toda sorte de patrocinadores e empresários abastados, em relação aos quais tinha sentimentos muito ambíguos e em cujo abraço desautorizado se sentia limitada, até abafada. Embora muitas vezes serenasse o ânimo em relação a eles mediante frequentes pedidos ou exigências de apoio, e voltasse de muitas audiências com vigor renovado e novas ambições.

A cultura vai ganhar ou perder com a "mudança de gerência"? Será que vai sair inteira depois da troca de guardas na torre de vigia? Sobreviverá a essa mudança? Será que suas obras de arte terão mais que a chance de uma vida efêmera e quinze minutos de fama? Será que os novos administradores, sintonizados com o estilo de gerenciamento hoje em moda, não limitarão suas atividades tutelares ao "despojamento dos ativos", levando embora os ativos da dívida e se apropriando deles? Será que o "cemitério de eventos culturais" não substituirá a "montanha que aponta para o céu", para usar a metáfora mais adequada ao estado em que se encontra a cultura? Precisamos esperar um pouco mais para encontrar as respostas a essas perguntas. Mas não devemos parar de procurá-las, e com energia. Tampouco devemos negligenciar a questão do formato que a cultura acabará assumindo em consequência de nossas ações ou da falta delas.

O patrocínio pelo Estado da cultura nacional não foi salvo do destino de muitas outras funções "desregulamentadas" e "privatizadas" – tal como elas, e em nome do mercado, ele tem se alijado de um número cada vez maior de tarefas que não podia mais sustentar com seu alcance progressivamente reduzido. Mas há duas funções impossíveis de desregulamentar, privatizar e ceder sem "danos colaterais" catastróficos. Uma delas é defender os mercados de si mesmos, das consequências de sua notória incapacidade de autolimitação e autocontrole, e de sua tendência igualmente notória de depreciar todos os valores resistentes à avaliação e à negociação, tirando-os da lista de ações planejadas e eliminando o preço de fazê-lo dos cálculos de custos-benefícios. A outra é a função de reparar os danos sociais e culturais que se espalham pela trilha da expansão do mercado graças a essa incapacidade e a essa tendência. Jack Lang sabia o que estava fazendo.

Eu não poderia resumir essas considerações e delas extrair conclusões práticas melhor do que Anna Zeidler-Janiszewska, pesquisadora arguta do destino da cultura artística na Europa do pós-guerra:

> Se diferenciarmos a cultura artística (como "realidade mental") da participação prática nessa atividade (participação criativa e receptiva, e hoje ainda mais, participação criativo-receptiva ou receptivo-criativa), assim como das instituições que tornam essa participação possível, então, uma política cultural de Estado deveria preocupar-se com as instituições de participação (que incluem a mídia "pública"), e seu principal interesse seria igualar as oportunidades nesse sentido. ... A qualidade e a igualdade de

oportunidades de participação, em outras palavras, "recebedores", em vez de conteúdo e forma, ou as relações entre os "gerentes" e o "público das artes" são o ponto focal da política cultural.[11]

Segue-se de nossas considerações anteriores que as criações e escolhas culturais, assim como sua utilização por seus "recebedores", estão engajadas numa interação íntima – mais agora que em qualquer período do passado; e que, dada a mutável localização das artes na totalidade da vida contemporânea, essa interação destina-se, com toda probabilidade, a se tornar ainda mais estreita no futuro. Na verdade, as obras de arte contemporâneas tendem a ser indeterminadas, indefinidas, incompletas, ainda em busca de seu significado, inseguras quanto a seu potencial – e destinadas a assim continuar até o momento do encontro com seu "público" (mais exatamente, o "público" que invocam e/ou provocam e assim trazem à luz), um encontro ativo de ambos os lados. O verdadeiro significado (e portanto o esclarecimento e o potencial de promover mudanças) das artes é concebido e amadurece durante esse encontro.

O melhor das artes contemporâneas (com efeito, o que é mais seminal e mais efetivo no desempenho de seu papel cultural) consiste, em última instância, em muitos passos no interminável processo de reinterpretar a experiência comum e oferecer convites efetivos a um diálogo – ou, nesse sentido, a um polílogo cada vez mais amplo.

A verdadeira função do Estado capitalista ao administrar a "sociedade dos produtores" era garantir um encontro contínuo e frutífero entre capital e trabalho – enquanto a verdadeira função do Estado ao presidir a "sociedade dos consumidores" é assegurar encontros frequentes e exitosos entre os bens de consumo e o consumidor. Do mesmo modo, o foco do "Estado cultural", um Estado inclinado à promoção das artes, precisa concentrar-se em garantir e colaborar para o encontro permanente entre os artistas e seu "público". É nesse tipo de encontro que as artes de nossa época são concebidas, geradas, estimuladas e realizadas.

É em nome desse tipo de encontro que iniciativas artísticas e performativas locais, "face a face", precisam ser estimuladas e apoiadas. Como tantas outras funções do Estado contemporâneo, o patrocínio da criatividade cultural espera urgentemente o "subsídio".

· Notas ·

1. Apontamentos sobre as peregrinações históricas do conceito de "cultura" *(p.7-21)*

1. Richard A. Peterson, "Changing arts audiences: capitalizing on omnivorousness", comunicação em workshop, Cultural Policy Center, Universidade de Chicago; disponível em: http://culturalpolicy.uchicago.edu/papers/workingpapers/peterson1005.pdf; acesso em dez 2010.

2. Pierre Bordieu, *Distinction: A Social Critique of the Judgement of Taste*, Londres, Routledge Classics, 2010.

3. Oscar Wilde, *The Picture of Dorian Gray*, Londres, Penguin Classics, 2003.

4. Sigmund Freud, *Civilisation, Society and Religion*, v.12, Londres, Penguin Freud Library, 1991, p.271.

5. Philip French, "A Hootenanny New Year to all", *Observer Television*, 30 dez 2007-5 jan 2008.

2. Sobre moda, identidade líquida e utopia nos dias atuais: algumas tendências culturais do século XXI *(p.22-33)*

1. Georg Simmel, *Zur Psychologie der Mode: Soziologische Studie*, in Simmel, *Gesamtausgabe*, v.5, Berlim, Suhrkamp, 1992.

2. Slawomir Mrozek, *Male Listy*, Montricher, Noir sur Blanc, 2000, p.121.

3. Ibid., p.273.

4. Ibid., p.123.

5. Citações de Blaise Pascal, *Pensées* (trad. A.J. Krailsheimer), Londres, Penguin, 1966, p.68.

3. Cultura: da construção da nação ao mundo globalizado *(p.34-50)*

1. Jonathan Rutherford, *After Identity*, Londres, Lawrence & Wishart, 2007, p.59-60.

2. Saskia Sassen, "The excesses of globalisation and the feminisation of survival", *Parallax*, v.7, n.1, jan 2001, p.100-1.

3. Geoff Dench, *Maltese in London: A Case Study in the Erosion of Ethnic Consciousness*, Londres, Routledge & Kegan Paul, 1975, p.158-9.

4. Richard Rorty, *Achieving our Country: Leftist Thought in 20th Century America*, Londres, Harvard University Press, 1998, p.88.

5. Alain Touraine, "Faux et vraies problèmes", in Michel Wieviorka (org.), *Une société fragmenté. Le multiculturalisme en débat*, Paris, La Découverte, 1997.

6. Ver Russell Jacoby, *The End of Utopia: Politics and Culture in an Age of Apathy*, Nova York, Basic Books, 1999.

4. A cultura num mundo de diásporas *(p.51-67)*

1. Ver Bronislaw Baczko (org.), *Une éducation pour la démocratie*, Paris, Garnier Frères, 1982, p.377s.

2. Ver Philippe Bénéton, *Histoire des mots: culture et civilisation*, Paris, Presses de Sciences Po, 1975, p.23s.

3. Michael Allen Gillespie, "The theological origins of modernity", *Critical Review*, v.13, n.1-2, 1999, p.1-30.

4. Giovanni Pico della Mirandola, *Oration on the Dignity of Man* (trad. L. Kuczynski), *Przeglad Tomistyczny*, v.5, 1995, p.156.

5. Fred Constant, *Le multiculturalisme*, Paris, Flammarion, 2000, p.89-94.

6. Charles Taylor, "The policy of recognition", in Amy Gutmann (org.), *Multiculturalism*, Nova Jersey, Princeton University Press, 1994, p.88-9, 98-9.

7. Jürgen Habermas, "Struggles for recognition in the democratic constitutional regime", in Amy Gutmann (org.), *Multiculturalism*, Nova Jersey, Princeton University Press, 1994, p.125, 113.

8. Jeffrey Weeks, "Rediscovering values", in Judith Squires (org.), *Principled Positions*, Londres, Lawrence & Wishart, 1993, p.208-9.

5. A cultura numa Europa em processo de unificação *(p.68-89)*

1. Jeffrey Weeks, *Making Sexual History*, Londres, Polity, 2000, p.182, 240-3.

2. George Steiner, *The Idea of Europe*, Belfast, Nexus Institute, 2004, p.32-4.

3. Ver Hans-Georg Gadamer, *Das Erbe Europas*, Berlim, Suhrkamp, 1998.

4. Jonathan Friedman, "The hybridazation of roots and the abhorrence of the bush", in M. Featherstone e S. Lash (orgs.), *Spaces of Culture*, Londres, Sage, 1999, p.239, 241.

5. Nancy Fraser, "Social justice in the age of identity politics: redistribution, recognition and participation", in D. Clausen e M. Werz (orgs.), *Kritische Theorie der Gegenwart*, Hannover, Institut für Soziologie der Universität Hannover, 1999, p.37-60.

6. Ver Bruno Latour, "Ein Ding is ein Thing", *Concepts and Transformations*, n.1-2, 1988, p.97-111.

7. Cornelius Castoriadis, "Done and to be done", in *Castoriadis Reader* (org.), Londres, Blackwell, 1997, p.397-8, 400, 414.

6. A cultura entre o Estado e o mercado *(p.90-108)*

1. François Chabot, "La diffusion de la culture française dans le monde", *Cahiers Français*, jan-fev 2009.

2. Theodor W. Adorno, "Culture and administration", in J.M. Bernstein (org.), *The Culture Industry: Selected Essays on Mass Culture by Theodor W. Adorno*, Londres, Routledge, 1991, p.93, 98.

3. Ibid., p.93, 98, 100.

4. Joseph Brodsky, "The child of civilization", in *Less Than One: Selected Essays*, Nova York, Farrar Strauss & Giroux, 1987, p.123.

5. Adorno, op.cit., p.94.

6. Ver Theodor Adorno e Max Horkheimer, *Dialectic of Enlightenment*, Londres, Verso, 1979, p.216-17 (trad. bras. *Dialética do esclarecimento*, Rio de Janeiro, Zahar, 1985).

7. Adorno, "Culture and administration", p.103.

8. Hannah Arendt, *La crise de la culture*, Paris, Gallimard, 1968, p.266-7.

9. Milan Kundera, *The Art of the Novel* (trad. polonesa de Mark Bienczyk, Czytelnik), 2004, p.23-4.

10. Naomi Klein, *No Logo*, Nova York, Flamingo, 2001, p.5, 25.

11. Correspondência privada.

ESTA OBRA FOI COMPOSTA POR MARI TABOADA EM AVENIR E MINION PRO
E IMPRESSA EM OFSETE PELA GRÁFICA PAYM SOBRE PAPEL PÓLEN BOLD
DA SUZANO S.A. PARA A EDITORA SCHWARCZ EM JUNHO DE 2022

A marca FSC® é a garantia de que a madeira utilizada na fabricação do papel deste livro provém de florestas que foram gerenciadas de maneira ambientalmente correta, socialmente justa e economicamente viável, além de outras fontes de origem controlada.